L&PMPOCKETENCYCLOPAEDIA

CB082042

PRIMEIRA GUERRA MUNDIAL

Uma breve introdução

Série L&PM POCKET ENCYCLOPÆDIA

Alexandre, o Grande Pierre Briant
Anjos David Albert Jones
Ateísmo Julian Baggini
Bíblia John Riches
Budismo Claude B. Levenson
Cabala Roland Goetschel
Câncer Nicholas James
Capitalismo Claude Jessua
Células-tronco Jonathan Slack
Cérebro Michael O'Shea
China moderna Rana Mitter
Cleópatra Christian-Georges Schwentzel
A crise de 1929 Bernard Gazier
Cruzadas Cécile Morrisson
Dinossauros David Norman
Drogas Leslie Iversen
Economia: 100 palavras-chave Jean-Paul Betbèze
Egito Antigo Sophie Desplancques
Escrita Andrew Robinson
Escrita chinesa Viviane Alleton
Evolução Brian e Deborah Charlesworth
Existencialismo Jacques Colette
Filosofia pré-socrática Catherine Osborne
Geração Beat Claudio Willer
Guerra Civil Espanhola Helen Graham
Guerra da Secessão Farid Ameur
Guerra Fria Robert McMahon
História da medicina William Bynum
História da vida Michael J. Benton
História econômica global Robert C. Allen
Império Romano Patrick Le Roux
Impressionismo Dominique Lobstein
Inovação Mark Dodgson e David Gann
Islã Paul Balta
Japão moderno Christopher Goto-Jones
Jesus Charles Perrot
John M. Keynes Bernard Gazier
Jung Anthony Stevens
Kant Roger Scruton
Lincoln Allen C. Guelzo
Maquiavel Quentin Skinner
Marxismo Henri Lefebvre
Memória Jonathan K. Foster
Mitologia grega Pierre Grimal
Nietzsche Jean Granier
Paris: uma história Yvan Combeau
Platão Julia Annas
Pré-história Chris Gosden
Primeira Guerra Mundial Michael Howard
Reforma Protestante Peter Marshall
Relatividade Russell Stannard
Revolução Francesa Frédéric Bluche, Stéphane Rials e Jean Tulard
Revolução Russa S. A. Smith
Rousseau Robert Wokler
Santos Dumont Alcy Cheuiche
Sigmund Freud Edson Sousa e Paulo Endo
Sócrates Cristopher Taylor
Teoria quântica John Polkinghorne
Tragédias gregas Pascal Thiercy
Vinho Jean-François Gautier

Michael Howard

PRIMEIRA GUERRA MUNDIAL

Uma breve introdução

Tradução de Rosaura Eichenberg

www.lpm.com.br
L&PM POCKET

Coleção **L&PM** POCKET, vol. 886

Texto de acordo com a nova ortografia.
Título original: *The First World War*

Primeira edição na Coleção **L&PM** POCKET: agosto de 2010
Esta reimpressão: fevereiro de 2019

Tradução: Rosaura Eichenberg
Capa: Ivan Pinheiro Machado. *Foto*: Arquivos da L&PM Editores
Preparação: Jó Saldanha
Revisão: Patrícia Yurgel

CIP-Brasil. Catalogação na fonte
Sindicato Nacional dos Editores de Livros, RJ

H844p

Howard, Michael Eliot, 1922-
Primeira Guerra Mundial / Michael Howard; tradução de Rosaura Eichenberg. – Porto Alegre, RS: L&PM, 2019.
160p. : il., mapas – (L&PM POCKET; v.886)

Tradução de: *The First World War*
Apêndices
Inclui bibliografia e índices
ISBN 978-85-254-2040-4

1. Guerra Mundial, 1914-1948. I. Título. II. Série.

10-3263. CDD: 940.3
CDU: 94(100)"1914/1918"

© Michael Howard 2002.
***Primeira Guerra Mundial* foi originalmente publicado em inglês em 2002. Esta tradução é publicada conforme acordo com a Oxford University Press.**

Todos os direitos desta edição reservados a L&PM Editores
Rua Comendador Coruja, 314, loja 9 – Floresta – 90.220-180
Porto Alegre – RS – Brasil / Fone: 51.3225.5777

Pedidos & Depto. comercial: vendas@lpm.com.br
Fale conosco: info@lpm.com.br
www.lpm.com.br

Impresso no Brasil
Verão de 2019

Sumário

1. A Europa antes da guerra

Helsinki
São Petersburgo
Estocolmo
ESTÔNIA
LETÔNIA
Riga
Moscou
Dvina
MAR BÁLTICO
LITUÂNIA
RÚSSIA
Niemen
Vilna
Danzig
Tannenberg
POSEN
Vistula
Varsóvia
Brest-Litovsk
POLÔNIA
Kiev
Oder
Dnieper
MORÁVIA
Viena
Dniester
MONARQUIA
Budapeste
MOLDAVIA
Odessa
AUSTRO-HÚNGARA
HUNGRIA
Crimeia
TRANSILVÂNIA
Belgrado
ROMÊNIA
BÓSNIA
WALLACHIA
Bucareste
Sarajevo
MAR NEGRO
Danúbio
HERZEGOVINA
SÉRVIA
DALMÁCIA
MONTE-NEGRO
BULGÁRIA
Sofia
Constantinopla
Tirana
ALBÂNIA
IMPÉRIO OTOMANO
MAR EGEU
GRÉCIA
Atenas
Chipre (Grã-Bretanha)
Rodes
Creta

2. A Europa depois da guerra

FINLÂNDIA
Helsinki
Leningrado
Estocolmo
Tallinn
ESTÔNIA
Gotland
Riga
LETÔNIA
MAR BÁLTICO
Moscou
Dvina
UNIÃO DAS REPÚBLICAS SOCIALISTAS SOVIÉTICAS
LITUÂNIA
Vilnius
Vilnius
Danzig
PRÚSSIA ORIENTAL
Neman
Vistula
Varsóvia
Oder
POLÔNIA
Dnieper
TCHECOSLOVÁQUIA
Viena
Dniester
Odessa
Budapeste
HUNGRIA
ROMÊNIA
Belgrado
Bucareste
Danúbio
MAR NEGRO
IUGOSLÁVIA
BULGÁRIA
Sofia
Adriático
Istambul
Tirana
ALBÂNIA
MACEDÔNIA
TURQUIA
GRÉCIA
Mar Egeu
Atenas
Rodes
Creta
Chipre (Grã-Bretanha)

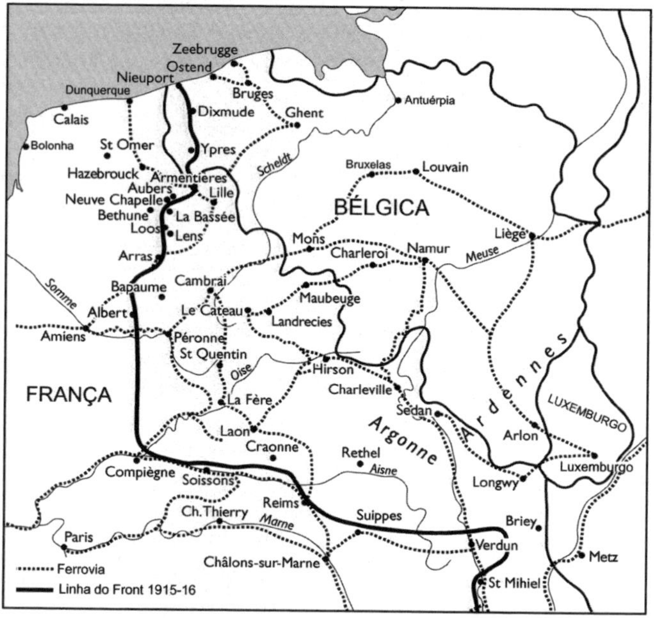

3. O front ocidental

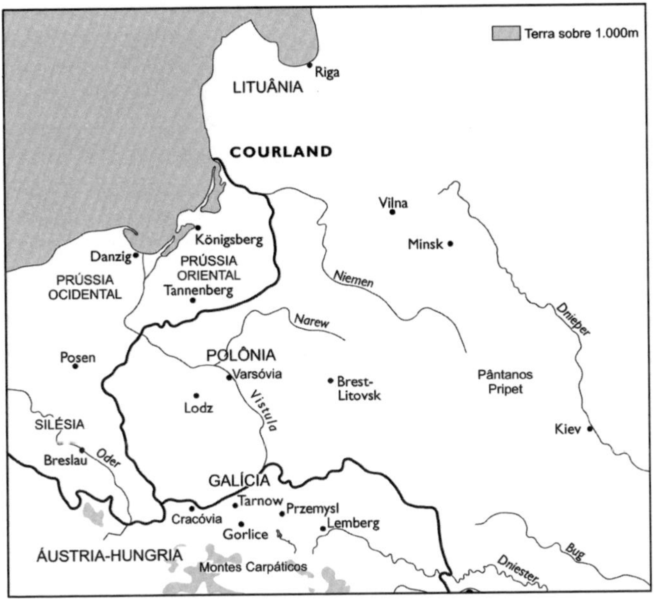

4. O front oriental

Viena
Bratislava
Danúbio
ÁUSTRIA-HUNGRIA
Budapeste
Montes Carpáticos
Prut
ROMÊNIA
Brasov
Sibiu
Sava
BÓSNIA
HERZEGOVINA
Drina
Belgrado
SÉRVIA
Morava
Sarajevo
Cernavoda
Constanza
Bucareste
Danúbio
Varna
Nish
BULGÁRIA
MONTE-
NEGRO
Vranja
Sofia
Stara Zagora
Plovdiv
Cattaro
Drin
Skopje
Uskub
Struma
Constantinopla
ALBÂNIA
Durazzo
Tirana
Bitola
GRÉCIA
Salônica
TURQUIA
Gallipoli
Terra sobre
1.000m

5. Os Bálcãs

6. O Norte da Itália

7. O Império Otomano

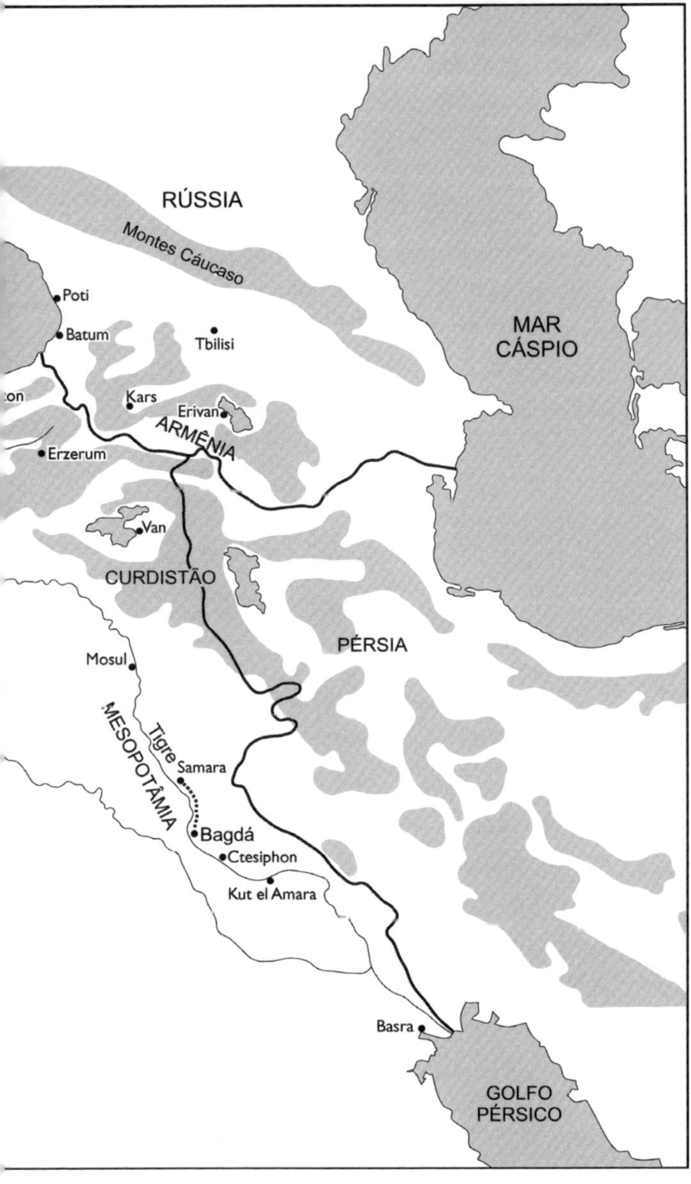
RÚSSIA
Montes Cáucaso
Poti
Batum
Tbilisi
MAR CÁSPIO
Kars
Erivan
ARMÊNIA
Erzerum
Van
CURDISTÃO
PÉRSIA
Mosul
MESOPOTÂMIA
Tigre
Samara
Bagdá
Ctesiphon
Kut el Amara
Basra
GOLFO PÉRSICO

Capítulo 1

A Europa em 1914

Como a Grande Guerra de 1914-1918 foi travada em todos os oceanos do mundo e envolveu, em última análise, beligerantes de todos os continentes, ela pode ser justificadamente chamada de "uma guerra mundial". Mas certamente não foi a primeira. As potências europeias haviam lutado entre si em todas as regiões do globo ao longo dos trezentos anos anteriores. Aqueles que combateram nessa guerra chamavam-na simplesmente de "a Grande Guerra". Como todas as suas predecessoras, ela começou como um conflito puramente europeu, que surgiu de ambições conflitantes e receios mútuos das potências europeias. Que seu curso tenha sido tão terrível, e suas consequências tão catastróficas, foi resultado menos de sua escala global que de uma combinação da tecnologia militar e da cultura dos povos que a travaram. Karl von Clausewitz escrevera, em meio às consequências das Guerras Napoleônicas, que a guerra era uma trindade composta pela política do governo, pelas atividades dos militares e pelas "paixões dos povos". Cada um desses elementos deve ser levado em consideração, se quisermos compreender não só por que a guerra aconteceu, mas também por que ela tomou o curso que tomou.

As potências europeias em 1914

Com umas poucas mudanças marginais, as "Grandes Potências" (como ainda eram chamadas) permaneciam mais ou menos as mesmas dos dois séculos anteriores, mas o equilíbrio entre elas tinha sofrido uma mudança radical. A mais poderosa de todas era agora o Império Germânico, criado pelo Reino da Prússia como resultado de suas vitoriosas guerras de 1866 contra o Império Austríaco e de 1870 contra a França. Devido à sua derrota, a França fora reduzida a um status de segunda grandeza e ressentia-se desse fato. As terras poliglotas do Império Austríaco haviam sido reorganizadas desde 1867 como a Monarquia Dual da Áustria-Hungria e aceitado um status subordinado de aliada da Alemanha. Embora a Hungria fosse um estado quase autônomo, a Monarquia era frequentemente chamada apenas de "Áustria" e os seus povos de "austríacos", assim como o Reino Unido era em geral conhecido no exterior como "Inglaterra" e o seu povo como "ingleses". Ladeando essas potências continentais, havia dois impérios só parcialmente europeus nos seus interesses: o imenso Império Russo semiasiático, um agente importante, embora intermitente, no sudeste da Europa; e a Grã-Bretanha, cujo principal interesse era manter um equilíbrio de poder no continente enquanto expandia e consolidava suas possessões de além-mar. Os últimos vestígios do Império Espanhol de além-mar (exceto uma faixa costeira no Norte da África) haviam sido perdidos para os Estados Unidos no início do século, e assim a Espanha definhara para a terceira grandeza. O seu lugar no elenco fora ocupado pela Itália, cuja unificação sob a Casa de Saboia entre 1860 e 1871 tinha sido mais aparente que real, mas cujo potencial de incomodar lhe granjeava por si só o respeito cauteloso das outras potências.

Até o fim do século XVIII, essas potências tinham sido socialmente homogêneas. Todas eram ainda sociedades primariamente agrárias, dominadas por uma aristocracia fundiária e governadas por dinastias históricas legitimadas por uma Igreja estabelecida. Cem anos mais tarde, tudo isso fora completamente transformado ou estava sofrendo uma transformação rápida e desestabilizadora; mas o ritmo da mudança fora muito desigual, como veremos.

Grã-Bretanha

A Grã-Bretanha mostrara o caminho. No início do século XX, ela já era uma nação plenamente urbanizada e industrializada. A aristocracia fundiária continuava socialmente dominante, mas os últimos vestígios de poder político lhes estavam sendo arrancados por uma Câmara dos Comuns, na qual os dois principais partidos competiam pelos votos não só da classe média mas, cada vez mais, à medida que o direito de voto se expandia, das classes trabalhadoras. Uma coalizão liberal-radical assumiu o poder em 1906 e começou a estabelecer as fundações de um estado de bem-estar social, mas não podia ignorar a situação paradoxal em que se encontrava a Grã-Bretanha no início do século. Ela era ainda a potência mais rica do mundo e a detentora orgulhosa do maior império que o mundo já conhecera, mas estava mais vulnerável do que em qualquer outro momento da sua história. No ponto central daquele Império achava-se uma ilha densamente povoada, dependente do comércio mundial para obter a sua riqueza e, ainda mais importante, para conseguir os produtos alimentícios importados, necessários para alimentar as suas cidades. O "domínio dos mares" pela Marinha Real não só mantinha o Império unido como assegurava que o povo britânico fosse alimentado. A perda da supremacia naval era um pesadelo que atormentava sucessivos governos britânicos e dominava as suas relações com outras potências. Idealmente, eles teriam desejado permanecer distantes das disputas europeias, mas qualquer indicação de que seus vizinhos estavam, isolada ou coletivamente, ameaçando o seu domínio naval fora, nos últimos vinte anos, motivo de uma angustiada preocupação nacional.

França

Ao longo de mais de um século, entre 1669 e 1815, a principal rival da Grã-Bretanha em matéria de poder mundial havia sido a França, e os franceses levaram quase outros cem anos para compreender que já não era mais assim. A França ficara para trás num desenvolvimento econômico que poderia ter transformado o país num concorrente sério. A Revolução de 1789 destruíra os três pilares do *Ancien Régime* – a monarquia, a nobreza e a Igreja – e distribuíra as suas terras entre minifundiários camponeses que resistiam com firmeza a qualquer desenvolvimento, reação ou outra revolução que ameaçasse expropriá-los; e seu padrão de vida não estimulava nem o crescimento da população nem a acumulação de capital que tornava o desenvolvimento econômico possível. Em 1801, a população da França atingira a marca de

27 milhões e era a maior da Europa. Em 1910, ainda era de apenas 35 milhões, enquanto ao longo do mesmo período a da Grã-Bretanha tinha aumentado de onze milhões para quarenta milhões, e a da recém-unificada Alemanha chegava a mais de 65 milhões e continuava crescendo. Depois de sua derrota desmoralizante em 1870, o Exército francês encontrara uma saída nas conquistas africanas que criou atrito com os interesses imperiais da Grã-Bretanha, assim como geravam conflito as rivalidades tradicionais no Mediterrâneo oriental, mas para o povo francês essas eram questões marginais. Eles permaneciam profundamente divididos entre aqueles que tinham lucrado com a Revolução; aqueles que, sob a liderança da Igreja Católica, ainda se recusavam a aceitá-la; e um movimento socialista, cada vez mais poderoso, que queria avançar ainda mais. A França continuava dominante tanto em riqueza como em cultura, mas a sua política interna era altamente volátil. Na externa, a anexação da Alsácia e da Lorena pela Alemanha em 1871 não fora nem esquecida nem perdoada, e o medo do poder germânico tornava a França ansiosamente dependente de sua única aliada de grande importância – a Rússia.

Rússia

O outro rival continental temido pela Grã-Bretanha no século XIX era o imenso Império Russo, cuja expansão para o sul e para o leste ameaçava tanto o caminho para a Índia pelo Oriente Médio (o que levara a Grã-Bretanha a apoiar o moribundo Império Turco) como as próprias fronteiras da Índia. O potencial da Rússia era (e permanece) certamente enorme, mas tinha limitações (como ainda tem) pelo atraso de sua sociedade e a ineficiência de seu governo.

O capitalismo e a industrialização chegaram tarde à Rússia, e quando isso aconteceu foi em grande parte como resultado de investimento e conhecimento internacional. No início do século XX, os czares regiam uma população de 164 milhões, composta esmagadoramente de camponeses que tinham sido emancipados da servidão real há somente uma geração. Os czares ainda exerciam um absolutismo que a

Europa Ocidental nunca conhecera – apoiado por uma Igreja Ortodoxa que não fora atingida por nenhuma Reforma, e efetivado por uma vasta e letárgica burocracia. As elites cultas eram divididas entre os "Ocidentais", que, considerando a Europa como um modelo, tentavam introduzir o desenvolvimento econômico e um governo responsável, e os "Eslavófilos", que julgavam tais ideias degeneradas e queriam preservar a histórica cultura eslava. Mas sucessivas derrotas militares – para os franceses e britânicos em 1855-1856 e para os japoneses em 1904-1905 – incutiram a lição aprendida por Pedro, o Grande, segundo a qual o poder militar no exterior dependia do desenvolvimento político e econômico em casa. A servidão fora abolida depois da Guerra da Crimeia, e algum tipo de instituições representativas foi introduzido após a derrota e a quase revolução de 1905. O desenvolvimento ferroviário tinha fomentado enormemente a produção industrial na década de 1890, levando a Rússia, na opinião de alguns economistas, ao ponto da "decolagem" econômica. Mas o regime continuava aterrorizado com a possibilidade de que o desenvolvimento industrial, por mais essencial que pudesse ser para a eficácia militar, só estimulasse mais demandas de reformas políticas, e reprimia os dissidentes com uma brutalidade que só os levava aos extremos do "terrorismo" (um termo e uma técnica inventados pelos revolucionários russos no século XIX), justificando assim mais brutalidade. Isso tornava a Rússia uma aliada embaraçosa, ainda que necessária, para o Ocidente liberal.

No final do século XIX, a atenção do governo russo se concentrara na expansão para a Ásia, mas, depois da derrota para os japoneses em 1904-1905, ela se deslocou para o sudeste da Europa, que ainda era dominado pelo Império Otomano. Ali movimentos de resistência nacionais, baseados originalmente nas comunidades cristãs ortodoxas da Grécia, Sérvia e Bulgária, haviam contado com o patrocínio tradicional dos russos – primeiro como colegas cristãos, depois como colegas eslavos. Todos os três tinham estabelecido estados independentes ao longo do século XIX. Mas havia também grande número de eslavos, especialmente de sérvios e seus primos croatas, na Áustria-Hungria; e quanto mais bem-sucedidas eram as novas nações eslavas em estabelecer a sua identidade e independência, mais apreensivos ficavam os Habsburgos quanto à crescente rebeldia de suas próprias minorias, e o papel desempenhado pela Rússia em estimulá-la.

Áustria-Hungria

Na Europa Ocidental – Grã-Bretanha, França, Alemanha, Itália, até mesmo Rússia – o nacionalismo era uma força coesiva, embora "nações submersas" como os poloneses e os irlandeses já lutassem pela independência. Mas a Monarquia dos Habsburgos era inteiramente composta de "nações submersas". Existira uma elite germânica dominante no século XVIII, mas até para os germânicos havia então uma terra natal adjacente, no novo Império Germânico ao norte. Em 1867, o Império Habsburgo havia se transformado na "Monarquia Dual", concedendo à nação submersa mais poderosa, os magiares, uma quase independência no reino da Hungria, que compartilhava com os "austríacos" predominantemente germânicos apenas um monarca (o imperador Francisco José, que tinha governado desde 1848), um exército, um erário e um ministério das Relações Exteriores. Os magiares, como os alemães (e até os britânicos, a quem eles muito admiravam e cujo edifício do parlamento imitaram em Budapeste), consideravam-se uma raça de senhores e governavam opressivamente as suas próprias minorias eslavas – os eslovacos, os romenos e os croatas. Na metade ocidental da Monarquia, os "austríacos" germânicos não apenas dominavam eslavos ao norte (os tchecos), a nordeste (poloneses e rutênios) e ao sul (eslovenos e sérvios), mas as terras italófonas na encosta sul dos Alpes (junto com o Tirol germanófono no sul) cobiçadas pelo novo reino da Itália. Ao contrário dos rudes senhores das pequenas propriedades rurais de Budapeste, os burocratas racionais de Viena tentavam tratar as nacionalidades de seus súditos de forma tolerante e concediam-lhes direitos iguais aos dos germânicos. O resultado foi paralisar a máquina do governo em Viena e forçar o imperador a governar por decreto. Sem dúvida, a sua rica mistura de culturas fazia de Viena uma cidade com uma vida intelectual e artística singularmente vibrante, mas a sua *intelligentsia* considerava o futuro com apreensão e às vezes desespero.

Alemanha

Por fim, havia a Alemanha Imperial, a potência mais complexa e problemática de todas.

A unificação da Alemanha em 1871 havia criado uma nação que combinava a economia mais dinâmica da Europa com um regime que sob muitos aspectos mal saíra do feudalismo. A dinastia Hohenzollern havia governado a Prússia por meio de uma burocracia e um exército que provinham ambos de uma "pequena nobreza atuante no serviço público" (*Junkers*) arraigada basicamente nas suas províncias do leste. Eles se ressentiam da própria existência de um *Reichstag* (parlamento) que vinha aspirando ao poder sem sucesso desde a metade do século XIX. No império recém-unificado, o *Reichstag* representava toda a gama da população germânica ampliada: os conservadores agrários com suas vastas propriedades rurais no leste, os industrialistas no norte e no oeste, os fazendeiros católico-romanos bávaros no sul e, numa escala crescente à medida que a economia se desenvolvia, as classes operárias industriais, com seus líderes socialistas, nos vales do Reno e do Ruhr. O *Reichstag* votava o orçamento, mas o governo era nomeado pelo monarca, o Kaiser, e a ele prestava contas. O chefe intermediário entre o *Reichstag* e o Kaiser era o chanceler. O primeiro detentor desse cargo, Otto von Bismarck, usara a autoridade que auferia do Kaiser para obrigar o *Reichstag* a cumprir as suas próprias ordens. Os seus sucessores foram pouco mais que mensageiros que informavam o *Reichstag* das decisões do Kaiser e manipulavam-nas para assegurar a aprovação do orçamento. Aos olhos do próprio Kaiser, eram vistos quase como criados domésticos, de importância consideravelmente menor que a do chefe do Estado-Maior.

Nessas circunstâncias, a personalidade do Kaiser tinha uma importância esmagadora, e a desgraça não só da Alemanha mas do mundo inteiro foi que, nessa conjuntura, a Casa

Kaiser Guilherme II.

de Hohenzollern tivesse produzido, em Guilherme II, um indivíduo que encarnava na sua pessoa três qualidades que se pode dizer que caracterizavam a elite governante alemã contemporânea: um militarismo arcaico, uma ambição desmedida e uma insegurança neurótica.

O militarismo foi institucionalizado no papel dominante que o exército havia desempenhado na cultura da antiga Prússia, que ele dominara e tinha em grande medida criado; da mesma forma que as suas vitórias sobre a Áustria e a França haviam criado o novo Império Germânico. Na nova Alemanha, o exército era socialmente dominante, assim como tinha sido na antiga Prússia – uma predominância difundida em todas as classes pelo serviço militar universal de três anos. A burguesia ganhou o direito acalentado de usar uniforme assumindo postos na reserva, e imitava os hábitos da elite militar *Junker*. Num nível mais baixo, os NCOs (suboficiais) dominavam suas comunidades locais. O Kaiser aparecia sempre de uniforme como o Todo-Poderoso Senhor da Guerra, rodeado por um círculo militar. No exterior, esse militarismo, com seus constantes desfiles, uniformes e comemorações das vitórias de 1870, era visto antes como absurdo que como sinistro; e assim poderia ser, não fosse estar ligado com a segunda qualidade – a ambição.

Tendo criado o Império Germânico, o próprio Bismarck se contentara em preservá-lo, mas a geração posterior não ficou tão facilmente satisfeita. Tinha toda razão em ser ambiciosa. Constituía uma nação com mais de sessenta milhões de habitantes com uma soberba herança de música, poesia e filosofia, e cujos cientistas, tecnólogos e eruditos (para não falar dos soldados) eram a inveja do mundo. Seus industrialistas já tinham ultrapassado os britânicos na produção de carvão e aço, e junto com os cientistas abriam os caminhos pioneiros de uma nova "revolução industrial" baseada em produtos químicos e eletricidade. Os alemães se orgulhavam de uma cultura singularmente superior, que mantinha o equilíbrio entre a barbárie despótica de seus vizinhos a leste e a democracia decadente do Ocidente. Mas dentro dessa nação orgulhosa, próspera e bem-sucedida surgia uma profunda rachadura, que só se tornava cada vez mais profunda à medida que a prosperidade aumentava. O crescimento de suas indústrias ampliava o tamanho e a influência de uma classe operária cujos líderes, embora já não fossem revolucionários, pressionavam cada vez mais por uma expansão da democracia e pela abolição do privilégio social, e cujo partido, Social-Democrata, tinha se tornado em 1914 o maior no *Reichstag*.

As classes de posses tinham suas próprias brigas, principalmente entre os proprietários de terras do leste e os industrialistas do oeste, mas se uniam em uma causa comum contra o que consideravam uma ameaça revolucionária socialista. Desde o início do século XX, eles começaram a combatê-la por meio de uma "política de expansão" baseada na afirmação da "grandeza nacional". Com o Kaiser à sua frente, os líderes políticos da direita começaram a reivindicar para a Alemanha o status não só de uma Grande Potência, mas de uma Potência Mundial, *Weltmacht*. O único concorrente nessa classe era o Império Britânico; contudo, se quisesse competir com a Grã-Bretanha, a Alemanha precisava não apenas de um grande exército, mas de uma grande frota. Arrecadar dinheiro para essa frota pressupunha um enorme exercício de propaganda, e essa propaganda só podia ser eficaz se a Grã-Bretanha fosse descrita como o próximo grande adversário que os alemães precisavam vencer para atingir o status a que julgavam ter legítimo direito.

As alianças rivais

A Alemanha já se via rodeada de inimigos. Quando criou o Império Germânico em 1871, Bismarck sabia muito bem que a reação natural de seus vizinhos seria unir-se contra os germânicos, e ele cuidou para que isso não acontecesse. Por boas razões, ele considerava a França inconciliável, quando mais não fosse porque ela fora compelida a entregar as suas províncias Alsácia e Lorena. Assim, ele tentou neutralizá-la encorajando as ambições coloniais que a levariam a entrar em conflito com a Grã-Bretanha, e assegurou que ela não pudesse encontrar aliados entre as outras potências da Europa aprisionando todas no seu próprio sistema de alianças. A Monarquia Dual não apresentava dificuldades. Assediada por problemas internos, ela ficara feliz em firmar a Aliança Dual com a Alemanha em 1879. O seu próprio inimigo natural era a recém-unificada Itália, que cobiçava as terras italófonas nas encostas ao sul dos Alpes e na frente do Adriático, que ainda permaneciam em mãos austríacas; mas Bismarck uniu ambas numa Tríplice Aliança ao apoiar as reivindicações territoriais italianas contra a França e suas possessões mediterrâneas.

Restavam duas potências, uma de cada lado: a Rússia e a Grã-Bretanha. A Rússia seria uma aliada formidável da França, se lhe fosse dada uma chance, o que Bismarck estava determinado a impedir. Ele fora cuidadoso em cultivar a sua amizade e a prendera no seu "sistema" por uma aliança firmada em 1881 e renovada, como um "Tratado de Resseguro", seis anos mais tarde. Quanto à Grã-Bretanha, a França e a Rússia eram suas adversárias naturais; assim, mantê-las sob controle por meio de uma potência central forte convinha bastante aos estadistas britânicos. A única coisa que Bismarck tinha boas razões para temer era uma guerra nos Bálcãs entre a Áustria e a Rússia que pudesse perturbar o equilíbrio que ele havia tão precariamente estabelecido. No Congresso de Berlim em 1878, ele arranjou um acordo que dividia os Bálcãs em esferas de influência entre a Rússia e a Monarquia Dual, e deu à última um "Protetorado" sobre a mais setentrional e a mais turbulenta das províncias otomanas, a Bósnia-Herzegovina. Esse acordo produziu uma paz nervosa que durou até o fim do século, mas o "sistema" de Bismarck havia começado a se desfazer muito antes disso.

Os sucessores de Bismarck, por todo um complexo de razões, não conseguiram renovar o tratado com a Rússia, deixando-a assim disponível para ser uma aliada da França. Foi um erro terrível. Para a Rússia, se não era uma aliada, essa Alemanha recém-poderosa constituía uma ameaça, algo que só podia ser enfrentado por meio de uma aliança militar com a França. A França era, em todo caso, uma fonte rica do capital de investimento de que a Rússia necessitava para financiar a modernização de sua economia. Assim, em 1891, as duas potências firmaram um tratado, a Entente Dual, para confrontar a Tríplice Aliança, e os grupos rivais começaram a competir quanto à intensificação de seu poder militar.

No início, os britânicos consideraram essa aliança entre as suas adversárias tradicionais com alarme, e a dinâmica das relações internacionais teria normalmente ditado uma aliança com a Alemanha como uma consequência natural. Isso não aconteceu devido em parte à relutância britânica tradicional em se envolver em qualquer aliança continental emaranhada e em parte à diplomacia extraordinariamente desajeitada dos alemães. Mais importante que esses dois dados, entretanto, foi a decisão alemã, que já mencionamos, de construir uma marinha que pudesse desafiar o domínio britânico dos mares.

Como ela já tinha o exército mais poderoso do mundo, não era imediatamente evidente – ao menos não para os britânicos – por que a Alemanha precisava de uma marinha oceânica. Até então, apesar da competição industrial, as relações britânicas com a Alemanha tinham sido mais amistosas que qualquer outra coisa. Mas iniciava-se uma "corrida naval", pela superioridade quantitativa e qualitativa em navios, que transformaria a opinião pública britânica. Por volta de 1914, a Grã-Bretanha liderava definitivamente a corrida, quando mais não fosse porque estava preparada a investir mais recursos na construção de navios e não precisava, como os alemães, arcar igualmente com a carga de uma corrida armamentista em terra. Porém os britânicos não se preocupavam tanto com a frota que os alemães já tinham construído, mas com aquela que ainda poderiam vir a construir – especialmente se uma guerra bem-sucedida lhes desse a hegemonia militar sobre o continente.

Assim, a Grã-Bretanha fez as pazes com as suas rivais tradicionais. Em 1904, ela ajustou contas com a França na África, estabelecendo uma relação que se tornou conhecida como *l'entente cordiale*. Restava o Império Russo, cuja expansão para o sul na direção das fronteiras da Índia provocara pesadelos contínuos nos estadistas vitorianos e levara os britânicos em 1902 a firmar a primeira aliança formal em quase um século com a potência emergente do Japão. Três anos mais tarde, a Rússia foi derrotada e arrastada quase à beira de uma revolução pela guerra com o Japão, por isso em 1907 ela ficou feliz em firmar um acordo com a Grã-Bretanha sobre as terras fronteiriças disputadas da Pérsia e do Afeganistão, criando assim uma "Tríplice Entente". Mais além da Europa, a Grã-Bretanha cuidou para manter relações amistosas com os Estados Unidos. O desejo dos norte-americanos de expansão naval fora aguçado pela vitória sobre a Espanha em 1899 e pela anexação de suas possessões no Pacífico, mas os estadistas britânicos compreendiam que os imensos recursos dos Estados Unidos significavam que o confronto com eles devia ser evitado quase a qualquer custo. Assim as rivalidades tradicionais foram apaziguadas pelo abandono virtual de uma presença naval britânica no hemisfério ocidental e pelo cultivo cuidadoso de uma harmonia entre as elites britânicas e norte-americanas baseada na consanguinidade "anglo-saxônica" e em valores políticos partilhados.

Embora a Grã-Bretanha não tivesse firmado alianças formais exceto com o Japão, os alemães reclamavam que os britânicos estavam tecendo uma teia para cercá-los e aprisioná-los, e as relações pioravam constantemente. Em 1911, quando os alemães tentaram humilhar os franceses desafiando a sua influência no Marrocos com uma demonstração naval perto de Agadir, os britânicos deixaram explícito o seu apoio aos franceses. Muitas pessoas na Grã-Bretanha e na Alemanha começaram a se ver como inimigos naturais, e a guerra entre os dois países como inevitável.

Mas quando a guerra foi de fato deflagrada, três anos mais tarde, foi na outra extremidade da Europa, nos Bálcãs, como o próprio Bismarck havia sombriamente previsto.

As crises nos Bálcãs

Sem a ação moderadora de Bismarck, as relações entre a Áustria-Hungria e a Rússia deterioraram tanto quanto aquelas entre a Grã-Bretanha e a Alemanha. O estado balcânico que os austríacos mais temiam era a Sérvia, especialmente desde que o seu protetorado sobre a Bósnia-Herzegovina havia deixado muitos sérvios sob controle austríaco. Em 1903, um *coup d'état* em Belgrado havia derrubado a dinastia Obrenovic, que perseguira uma rota de conciliação em relação à Monarquia Dual e a substituíra por um regime voltado à expansão da Sérvia por meio da libertação de sérvios sob domínio estrangeiro – especialmente aqueles na Bósnia. Cinco anos mais tarde, a Áustria anexou formalmente a Bósnia-Herzegovina para facilitar o seu controle sobre aquelas províncias. O governo sérvio reagiu criando um "movimento de libertação" aberto para os sérvios bósnios, o qual possuía uma facção terrorista secreta, a "Mão Negra", treinada e apoiada por elementos de dentro do Exército sérvio. Ao mesmo tempo, encorajada pela Rússia, a Sérvia tomou a iniciativa de formar uma "Liga Balcânica" com a Grécia, a Bulgária e Montenegro, para expulsar os turcos definitivamente da península. A oportunidade apareceu em 1912, quando os turcos estavam ocupados em defender os seus territórios na Líbia contra um ataque da Itália, cujo governo tinha ambições grandiosas (antecipando as de Mussolini uma geração mais tarde) de restaurar as glórias do Império Romano. Na Primeira Guerra Balcânica daquele ano, os aliados balcânicos expulsaram os turcos de toda a península à exceção de uma cabeça de ponte perto de Adrianópolis. No ano seguinte travou-se uma segunda guerra entre os aliados vitoriosos a respeito da divisão dos despojos.

Como resultado dessas duas guerras, o território e a população da Sérvia foram duplicados e suas ambições imensamente encorajadas. Mas em Viena as emoções predominantes eram medo e frustração: medo da marcha aparentemente irreversível da Sérvia, com todo o encorajamento que esta incutia nos dissidentes eslavos nas duas metades da Monarquia, e frustração diante da sua incapacidade de fazer qualquer coisa a respeito. Então, em 28 de junho de 1914, o herdeiro do trono dos Habsburgos, o arquiduque Francisco Ferdinando, foi assassinado em Sarajevo, a capital da Bósnia-Herzegovina, por Gavril Princip, um terrorista adolescente treinado e armado pela Mão Negra, patrocinada pelos sérvios.

Capítulo 2

O advento da guerra

A crise de 1914

A princípio a crise provocada pelo assassinato do arquiduque não parecia pior do que a meia dúzia de tensões anteriores nos Bálcãs que vinham ocorrendo desde 1908 e que foram pacificamente resolvidas pela intervenção das Grandes Potências. Mas os austríacos estavam agora determinados a esmagar o seu inimigo sérvio para sempre. Lançaram um ultimato que, se aceito, teria tornado a Sérvia quase um estado cliente da Monarquia Dual. Isso os russos não podiam tolerar, e os austríacos sabiam; assim, antes de lançar o seu ultimato, eles obtiveram o que se tornou conhecido como "um cheque em branco" de Berlim, assegurando-lhes o apoio alemão em caso de guerra. Ao emitir esse cheque, o governo alemão sabia que estava correndo o risco de uma guerra ao menos europeia, mas a essa altura tal guerra era tida em Berlim quase como inevitável. Os líderes militares alemães calculavam que seria melhor ter a guerra mais cedo – enquanto os russos ainda não tinham se recuperado plenamente da derrota de 1905 – do que três anos mais tarde, quando já tivessem completado um imenso programa de mobilização e construção de ferrovias, financiado pela França, que os colocaria numa liga inteiramente nova de poder militar. A própria França passara por uma fase de nacionalismo militante depois da crise Agadir e, tanto militar como psicologicamente, estava pronta para a guerra. Na Rússia, a opinião pública pan-eslava pressionava com força pela guerra, ainda que o governo conhecesse muito bem a fraqueza não só do exército, mas de todo o regime, já abalado em 1905 por uma revolução cujos estrondos ainda não haviam silenciado. Quanto aos britânicos, o seu interesse pelos assuntos dos Bálcãs era mínimo e seus próprios problemas domésticos, esmagadores; mas se estava para haver uma guerra europeia, era improvável que ficassem de fora observando a França ser derrotada por uma Alemanha cujos publicistas, em sua maioria, andavam há muito tempo designando a Inglaterra como seu principal inimigo, e para quem a vitória na Europa seria apenas uma preliminar para o seu estabelecimento não só como uma Grande Potência, mas como uma Potência Mundial.

A Europa estava assim à beira da guerra em julho de 1914. Para compreender por que tombou na guerra, devemos observar os outros dois elementos na trindade de Clausewitz: as atividades dos militares e as paixões dos povos.

A situação militar em 1914

As vitórias alemãs de 1866-1870 tinham aberto um novo capítulo na história militar e política da Europa. Em geral atribuíam-se os triunfos alemães a dois fatores, um estratégico e um tático. O primeiro tinha sido a capacidade alemã de dispor no campo de batalha forças muito maiores que as de seus adversários, e isso também se devia a duas causas. Uma era o desenvolvimento de ferrovias e telégrafos, que tornou possível a rápida disposição no teatro da guerra de um número sem precedente de homens. A outra foi a introdução da conscrição universal em tempo de paz, que assegurava não só que todos esses homens estivessem presentes, mas que tivessem sido plenamente treinados e pudessem ser logo mobilizados assim que necessário. Esses exércitos – e em 1871 o dos alemães já contava com mais de um milhão de homens – requeriam um grau inédito de organização, que era a tarefa de um Estado-Maior cujo chefe se tornava o comandante em chefe efetivo de toda a força. Essa ordenação exigia também uma transferência de comando que impunha novas responsabilidades aos oficiais jovens e de posto médio. As batalhas já não podiam ser travadas e decididas sob o olhar de um único general comandante. Podiam estender-se, como aconteceu na Guerra Russo-Japonesa, por muitos e muitos quilômetros. Uma vez tendo disposto as suas forças no campo de batalha, o comandante em chefe só podia se posicionar no seu quartel-general, muitos quilômetros atrás da linha da frente, e esperar que acontecesse o melhor.

A extensão do front era aumentada pelo segundo fator, o desenvolvimento de armas de longo alcance. A introdução de armas de fogo de cano raiado e carregamento pela culatra na infantaria aumentava o alcance e a precisão dos disparos a um tal ponto que teria deixado os ataques frontais fora de questão, se desenvolvimentos simultâneos na artilharia não tivessem providenciado a potência de fogo para apoiá-los. Desde 1870 as linhas de tiro já haviam aumentado enormemente. Por volta de 1900, todos os exércitos europeus estavam equipados com rifles de infantaria com um alcance de até mil metros e uma precisão letal em até metade dessa distância. Os canhões de campo tinham então um alcance de oito quilômetros e uma capacidade de dar até vinte tiros por minuto. A artilharia pesada, até agora só usada para sitiar locais, estava se tornando móvel por meio de trilhos e estradas, e podia se encarregar de alvos numa distância de mais de quarenta quilômetros. Os exércitos entravam assim debaixo do fogo inimigo muito antes que pudessem sequer ver seus adversários, muito menos atacar suas posições.

Num trabalho pioneiro de análise operacional – *La guerre future*, publicado em 1899 –, o escritor polonês Ivan Bloch calculou que em guerras travadas com essas armas a ofensiva seria impossível no futuro. As batalhas degenerariam rapidamente em impasses sangrentos. O custo de manter exércitos tão imensos no campo de batalha seria proibitivo. As economias dos poderes beligerantes ficariam sobrecarregadas, e as penúrias consequentes impostas à população civil provocariam em toda parte as revoluções que as classes dominantes em toda a Europa estavam começando a temer. A obra previa com tanta precisão o curso e o resultado da Primeira Guerra Mundial que os historiadores subsequentes têm se perguntado por que não se lhe deu mais atenção à época. Mas, alguns anos depois da sua publicação, duas guerras mostraram que, embora as novas armas certamente infligissem perdas terríveis, as batalhas decisivas ainda podiam ser travadas e vencidas. Na África do Sul em 1899-1902, apesar da habilidade e coragem dos carabineiros bôeres, os britânicos acabaram vencendo a guerra e pacificando o país – em grande parte por meio do uso da cavalaria cuja morte os reformadores militares vinham prevendo há muitos anos. De forma mais significativa, em 1904-1905, numa guerra em que ambos os lados dispunham das armas mais modernas da época, os japoneses conseguiram, por meio de uma combinação de táticas engenhosas de infantaria e artilharia, derrotar os russos batalha após batalha e obrigá-los a suplicar a paz. A lição aprendida pelos exércitos europeus foi que a vitória ainda era possível para exércitos equipados com armas modernas e com soldados que não tinham medo de morrer. Mas outra lição dizia que a vitória tinha de ser rápida. Uma campanha com pouco mais de um ano de duração acabara em revolução na Rússia e levara o Japão à beira de um colapso econômico. A previsão de Bloch de que nenhuma nação conseguiria sustentar por muito tempo uma guerra travada, nas palavras do chefe do Estado-Maior alemão Alfred von Schlieffen, por "exércitos de milhões de homens ao custo de bilhões de marcos" foi levada a sério. Todas as potências da Europa se prepararam para travar uma guerra curta, porque não podiam, em termos realistas, considerar um combate longo; e a única maneira de manter a guerra curta era tomar a ofensiva.

A "corrida armamentista"

Na primeira década do século XX, as potências da Europa estavam envolvidas num processo de modernização competitiva de suas forças armadas que veio a ser chamado, um tanto imprecisamente, uma "corrida armamentista". As lições da Guerra Russo-Japonesa foram minuciosamente estudadas, especialmente pelos alemães, que perceberam muito antes de seus concorrentes a importância de trincheiras para proteger sua infantaria do fogo da artilharia, e a imensa vantagem propiciada por uma artilharia pesada móvel. As metralhadoras também tinham provado o seu valor, mas a sua capacidade de seiscentos tiros por minuto apresentava problemas de suprimento de munição que tornavam seu emprego em guerras móveis altamente problemático. Todos os exércitos acrescentaram-nas a seus arsenais, mas foi apenas nas batalhas defensivas no front ocidental em 1915-1917 que elas vieram a desenvolver seu potencial. Todos os exércitos abandonaram seus uniformes coloridos (os britânicos, acostumados a lutar na poeira e no deserto das campanhas coloniais, já tinham posto as cores de lado) e vestiam-se nos vários matizes da lama em que então teriam de lutar – exceto os franceses, que foram compelidos a manter as suas características calças escarlates por políticos nacionalistas nostálgicos, e sofreram terrivelmente em consequência dessa medida. Todos competiam por introduzir a nova tecnologia do aeroplano e do automóvel, embora em 1914 o primeiro mal começasse a ser usado para suplementar o reconhecimento da cavalaria, e o segundo fosse empregado principalmente para o transporte dos oficiais do Estado-Maior e dos comandantes da mais alta hierarquia. Durante toda a guerra, o transporte e a tração além dos terminais ferroviários continuariam sendo realizados esmagadoramente pela força dos cavalos. Assim que saíram dos trens, os exércitos ainda não podiam se mover de forma mais rápida que os de Napoleão – ou até de Júlio César. Por fim, a importância das comunicações sem fio – e sua interceptação – era em geral reconhecida, especialmente na guerra naval. Mas em terra os aparelhos ainda eram pesados demais para uso operacional abaixo do quartel-general do exército, com resultados para os combates na linha da frente que consideraremos no seu devido tempo.

Quanto ao armamento, todos os exércitos europeus em 1914 eram ao menos comparáveis. Somente com o emprego de artilharia pesada móvel é que os alemães eram capazes de provocar surpresas desagradáveis. O que causava noites de insônia para os planejadores militares não era o equipamento das forças armadas inimigas, mas o seu tamanho. Era basicamente determinado pelo tamanho da população, mas era também afetado pelas coerções sociais que limitavam a extensão e a duração da conscrição, e pelas pressões financeiras que limitavam o seu custo. Das três potências principalmente envolvidas, a população do recém-unificado Império Germânico com 67 milhões excedia, como vimos, a da França com 36 milhões, mas era muito inferior aos 164 milhões do Império Russo. Na França, a desconfiança democrática em relação ao militarismo havia limitado o serviço militar a dois anos, porém mais de oitenta por cento do potencial humano existente era convocado. Na Alemanha, o serviço militar durava três anos, mas o número dos recrutados era limitado tanto por considerações orçamentárias como pela resistência de um *Reichstag* cada vez mais esquerdista, e ainda pela relutância dentro do exército em recrutar homens em meio à crescente e (julgava-se) politicamente não confiável população urbana. Apenas cerca de 54% do potencial humano existente foram recrutados antes de 1911, o que dava ao Exército alemão um efetivo em tempo de paz de 612 mil soldados contra 593 mil dos franceses. O tamanho da população russa e, em consequência, de seu exército (1.345 mil) parecia aterrorizante no papel, mas não impressionava tanto devido à escassez de ferrovias para dispô-lo em formação de combate e à incompetência administrativa humilhantemente revelada na derrota em 1905. Tão insignificante parecia então a ameaça russa que Schlieffen, no "plano" que legou naquele ano a seu sucessor, quase a ignorou completamente, concentrando toda a força do exército alemão contra a França.

A derrota russa em 1905 pode ter tranquilizado os alemães, mas aterrorizou os franceses. A partir de 1908, eles começaram a despejar dinheiro na Rússia para construir a infraestrutura (em particular, as ferrovias) e reequipar os exércitos num "Grande Programa" de reforma militar que estava previsto para ser completado em 1917. Foi então a vez de os alemães ficarem alarmados. Já não podiam subestimar a importância da Áustria-Hungria como aliada, e havia muitos rumores desvairados em ambos os países sobre a ameaça eslava à civilização ocidental. As restrições dos alemães ao próprio fortalecimento militar desapareceram, e em 1912 eles introduziram um drástico programa de expansão que aumentou o tamanho de seu exército para 864 mil por volta de 1914. Os franceses reagiram aumentando a extensão de seu serviço militar para três anos, o que lhes dava um efetivo em tempo de paz de setecentos mil soldados. Em ambos os países, a despesa adicional foi rapidamente aprovada pelos parlamentos cada vez mais convencidos da iminência de uma guerra em que a sua existência nacional estaria em perigo. Quando a guerra foi realmente deflagrada, em 1914, os alemães e os franceses mobilizaram cada um dos cerca de quatro milhões de homens, dos quais aproximadamente 1,7 milhão de alemães e dois milhões de franceses se confrontaram no front ocidental.

A decisão de deflagrar a guerra

Essa era a situação quando os austríacos entregaram o seu ultimato à Sérvia em julho de 1914. Os austríacos estavam determinados a esmagar os sérvios, se necessário empregando a força militar, e confiavam no seu aliado alemão para manter os russos sob controle enquanto durasse a ação. Os alemães acreditavam que podiam impedir a Rússia de intervir, mas, mesmo que não o conseguissem, preferiam declarar guerra, enquanto seu exército estava no auge de suas forças, a permanecer em compasso de espera enquanto a balança do poder militar se inclinava inexoravelmente em favor de seus adversários. A única coisa que não consideravam era deixar de dar apoio aos austríacos. A Monarquia Dual era o único aliado remanescente (não contavam, com razão, os italianos), e sua humilhação e provável desintegração seria catastrófica para o prestígio e o poder alemão. Mas cálculos muito similares estavam sendo feitos na Rússia. Para os russos, abandonar a Sérvia seria trair toda a causa eslava e perder tudo o que tinha sido ganho nos Bálcãs desde o início do século. Por fim, para os franceses, deixar que a Rússia fosse derrotada seria concordar pacificamente com uma hegemonia germânica na Europa e sua própria redução ao status de uma potência de terceira categoria.

Tudo isso era bem claro em Berlim. Apoiando os austríacos, os alemães sabiam que estavam correndo o risco de uma guerra europeia, mas uma guerra que esperavam vencer. A única questão era: seria também uma guerra mundial? A Grã-Bretanha seria levada a entrar na guerra?

Essa era uma possibilidade cujas implicações mal tinham sido consideradas em Berlim, onde os responsáveis pelas tomadas de decisões estavam num estado que os psicólogos chamam "dissonância cognitiva". A Grã-Bretanha era vista por muitos como o inimigo máximo da Alemanha, o adversário que precisava ser intimidado se a Alemanha quisesse alcançar o seu status legítimo de Potência Mundial. Mas a Grã-Bretanha havia sido quase ignorada no planejamento militar alemão. O exército havia deixado a tarefa para a Marinha, pressupondo que qualquer força expedicionária que a Grã-Bretanha enviasse para socorrer os franceses seria pequena demais para justificar qualquer preocupação. Mas a Marinha alemã não podia fazer nada – ou acreditava que não podia fazer nada – enquanto não construísse uma frota de alto-mar capaz de desafiar a Marinha Real dos britânicos, o que ainda não estava em posição de fazer. Para o ministro da Marinha alemão, o almirante Graf von Tirpitz, o momento da guerra era desastroso. Qualquer força expedicionária britânica no continente poderia se ver envolvida na derrota de seus aliados, mas isso já havia acontecido antes (como aconteceria de novo) na história europeia; porém, a guerra ainda poderia continuar como nos dias de Napoleão – uma guerra prolongada para a qual ninguém estava preparado e que, acreditava-se em geral, ninguém poderia vencer.

O governo alemão estava assim apostando na neutralidade britânica, e em julho de 1914 isso parecia uma aposta razoável. Desde 1906, o governo britânico andava às voltas com agitação industrial em casa e uma guerra civil aparentemente iminente na Irlanda. Desde a crise Agadir em 1911, os líderes militares britânicos vinham tendo discussões de cúpula informais mas detalhadas com seus colegas franceses sobre o possível envio de uma força expedicionária ao continente, mas o governo não julgara prudente revelar esses planos para um parlamento em grande parte pacifista. A Marinha Real tomara todas as disposições pressupondo uma guerra com a Alemanha, mas não assumira nenhum compromisso. Havia uma preocupação difundida com a investida da política alemã, mas a opinião liberal e esquerdista permanecia solidamente neutralista. A aversão ao "militarismo" alemão era equilibrada pela hostilidade a um regime russo despótico, que com seus pogroms contra os judeus e sua brutal perseguição aos dissidentes ofendia igualmente o pensamento liberal. Ainda se acreditava amplamente que os interesses imperiais britânicos eram mais ameaçados pela

França e pela Rússia do que pela Alemanha. As ligações comerciais e financeiras com a Alemanha se mantinham suspensas. A opinião pública e o apoio parlamentar continuavam assim demasiado incertos para que o ministro das Relações Exteriores, Sir Edward Grey, pudesse garantir que, se a crise descambasse para a guerra, a Grã-Bretanha se colocaria ao lado de seus parceiros da Tríplice Entente. Caso a Alemanha não tivesse invadido a Bélgica, é uma questão em aberto se a Grã-Bretanha teria mantido a sua neutralidade e por quanto tempo. Mas a Alemanha invadiu a Bélgica, e precisamos examinar por quê.

Os planejadores militares alemães vinham enfrentando um problema estratégico básico desde os dias de Frederico, o Grande. Espremidos entre uma França hostil a oeste e uma Rússia hostil a leste (em geral acompanhada por uma Áustria hostil no sul), a sua única esperança de evitar a derrota sempre fora esmagar um de seus inimigos antes que o outro estivesse em posição de intervir. As vitórias prussianas em 1866 e 1870 haviam sido possíveis pelo sucesso de Bismarck em neutralizar a Rússia em ambos os conflitos, mas em 1891 a Aliança Franco-Russa tinha revivido o dilema na sua forma mais extrema. Que inimigo precisava ser destruído em primeiro lugar? Schlieffen havia firmemente se decidido pela França. Nenhuma vitória decisiva era possível nas imensas planícies da Polônia, mas, se a França pudesse ser derrotada, os russos talvez fossem obrigados a buscar rapidamente um acordo. Mas como conquistar uma vitória decisiva e rápida sobre a França? Desde 1871, a França vinha construindo fortificações tão formidáveis ao longo de sua fronteira alemã que uma repetição de 1870 parecia impossível. A única resposta talvez estivesse num movimento de flanquear o inimigo pela Bélgica neutra, numa manobra bastante poderosa para derrotar o Exército francês a tempo de deslocar as forças para o leste e assim evitar o esperado ataque russo. O próprio Schlieffen, como vimos, não levava a ameaça russa muito a sério, mas por volta de 1914 esta parecia ser uma ameaça tão grande que os planejadores alemães às vezes temiam que os exércitos russos entrassem em Berlim antes que suas próprias forças tivessem chegado a Paris. Uma invasão maciça pela Bélgica era assim uma parte essencial dos planos de guerra alemães, e o aumento do tamanho do exército alemão resultante das reformas de 1912-1913 fora em grande parte projetado para tornar essa manobra possível.

Clausewitz escreveu certa vez que os planos militares talvez tivessem sua própria gramática, mas não tinham nenhuma lógica inerente. Não havia certamente lógica na decisão do Estado-Maior alemão de, para apoiar os austríacos num conflito com a Rússia por causa da Sérvia, atacar a França, que não tinha parte na briga, e realizar esse ataque invadindo a Bélgica, cujo status neutro tinha sido garantido por um tratado de 1831 que tanto a Alemanha como a Grã-Bretanha haviam assinado. Era significativo na situação em Berlim que o chanceler alemão, Theodore von Bethmann Hollweg, não considerasse tarefa sua questionar essa decisão, e sim justificá-la como uma quebra necessária da lei internacional para realizar uma guerra justa e defensiva. Mas, para que a guerra parecesse justa e defensiva, seria necessário que a Rússia parecesse a agressora, e essa era a principal preocupação do governo alemão nos últimos dias da crise.

A Sérvia rejeitou previsivelmente o ultimato austríaco, e a Áustria declarou guerra em 28 de julho. Daí em diante os cálculos militares dominaram a tomada de decisões em toda capital europeia. Em 30 de julho, o czar Nicolau II, com extrema hesitação, ordenou a mobilização de todas as forças armadas russas. Presumia-se em geral que a mobilização levaria inevitavelmente à *Aufmarsch*, a disposição dos exércitos para a invasão de seus vizinhos, e que essa formação militar levaria com igual inevitabilidade à guerra. A mobilização era assim como o ato de sacar a arma: quem sacasse primeiro teria uma imensa vantagem estratégica. Mas, se a Rússia não sacasse primeiro, o seu atraso administrativo e as imensas distâncias que os seus reservistas tinham de percorrer a colocariam numa posição de desvantagem igualmente imensa com respeito à Alemanha – mais compacta e mais organizada. De fato, nem para a Rússia nem para a sua aliada França a mobilização significava necessariamente guerra, mas para a Alemanha a mobilização conduzia de forma

Refugiados belgas: os primeiros frutos da invasão germânica.

inconsútil à *Aufmarsch*, e a uma *Aufmarsch* para a invasão da Bélgica agendada no último minuto. A mobilização russa lhe fornecia a desculpa. As tentativas de última hora para retardar as ações, feitas pelo Kaiser tomado de pânico, foram inúteis. A ordem de mobilizar foi dada em Berlim em 1º de agosto. Um ultimato exigindo passagem livre pela Bélgica foi emitido no dia seguinte, e, por ter sido rejeitado, as tropas alemãs cruzaram a fronteira em 3 de agosto.

Na Grã-Bretanha, a invasão da Bélgica uniu o que tinha sido até então uma opinião pública profundamente dividida. Desde o século XVI, fora artigo de fé na política naval britânica que não se poderia deixar que os Países Baixos caíssem em mãos hostis, e essa crença se tornara quase visceral, independentemente da política partidária. O governo britânico lançou imediatamente um ultimato exigindo garantias de que a neutralidade belga seria respeitada. Ficou sem resposta, e a Grã-Bretanha declarou guerra à Alemanha em 4 de agosto. As preocupações liberais em relação aos direitos das pequenas nações se combinaram com a preocupação conservadora tradicional em relação à manutenção do equilíbrio do poder europeu para tornar o apoio parlamentar quase unânime. Um estado de guerra foi proclamado por todo o Império Britânico, e a "Primeira Guerra Mundial" começou.

CAPÍTULO 3

1914: AS CAMPANHAS INICIAIS

Reações populares

A deflagração da guerra foi saudada com entusiasmo nas principais cidades de todas as potências beligerantes, mas essa excitação urbana era típica da opinião pública em geral. O ânimo na França em particular não era de resignação estoica – um estado de espírito que caracterizava provavelmente todos os trabalhadores do campo que eram recrutados e tinham de abandonar a sua terra e deixar que fosse cultivada pelas mulheres e crianças. Mas por toda parte os povos apoiavam os seus governos. Esta não era uma "guerra limitada" entre principados. A guerra era agora uma questão nacional. Durante um século, a autoconsciência nacional fora inculcada por programas educacionais estatais que visavam a formar cidadãos leais e obedientes. Na verdade, à medida que as sociedades se tornavam cada vez mais seculares, o conceito de nação, com toda a sua panóplia e herança militar, adquiria uma significação quase religiosa. A conscrição ajudava esse processo de doutrinamento, mas não era essencial para que ocorresse: a opinião pública na Grã-Bretanha, onde a conscrição só foi introduzida em 1916, era tão intensamente nacionalista quanto em qualquer outra parte no continente. Para os pensadores saturados de teoria darwiniana, a guerra era vista como um teste de "virilidade" que a vida urbana suave já não proporcionava. Acreditava-se que essa "virilidade" era essencial, se as nações quisessem estar "aptas para sobreviver" num mundo onde o progresso era, ou assim acreditavam, o resultado antes da competição que da cooperação entre as nações assim como entre as espécies. O pacifismo liberal continuava influente nas democracias ocidentais, mas era também visto por muitos, especialmente na Alemanha, como um sintoma de decadência moral.

Essa beligerância sofisticada tornava o advento da guerra bem-vindo a muitos intelectuais, bem como aos membros das antigas classes governantes, que aceitavam com entusiasmo a sua tradicional função de liderança na guerra. Artistas, músicos, acadêmicos e escritores competiam entre si para oferecer seus serviços ao governo. Para os artistas em particular, os futuristas na Itália, os cubistas na França, os vorticistas na Grã-Bretanha, os expressionistas na Alemanha, a guerra era vista como um aspecto da libertação de um regime obsoleto que eles próprios já vinham desbravando há uma década. Os trabalhadores em ambientes urbanos ansiavam por encontrar na guerra uma trégua excitante e, assim esperavam, breve do tédio de suas vidas cotidianas. Nas democracias da Europa Ocidental, a opinião de massa, reforçada pela propaganda do governo, empolgava os menos entusiásticos. Nas sociedades menos cultas e desenvolvidas mais a leste, a lealdade feudal tradicional, poderosamente reforçada pelas sanções religiosas, foi igualmente eficaz na mobilização das massas.

E deve-se lembrar que todos os governos podiam pleitear razões plausíveis. Os austríacos estavam lutando para preservar o seu império multinacional histórico contra a desintegração provocada pela sua antiga adversária Rússia. Os russos estavam lutando para proteger seus amigos e parentes eslavos, para defender a sua honra nacional e para cumprir suas obrigações com a aliada França. Os franceses estavam lutando para se defender de uma agressão totalmente gratuita de seu inimigo tradicional. Os britânicos estavam lutando para preservar a lei das nações e prevenir a maior ameaça vinda do continente que já tinham enfrentado desde Napoleão. Os alemães estavam lutando em nome do único aliado que lhes restava, e também para repelir uma ameaça eslava do leste que se unira a seus invejosos rivais no oeste para asfixiar a sua legítima emergência como potência mundial. Esses eram os argumentos que os governos apresentavam a seus povos. Mas os povos não precisavam ser estimulados pela propaganda do governo. Era com o espírito de cumprir um simples dever patriótico que eles entravam para os exércitos e seguiam para a guerra.

No final do século XIX, o escritor militar alemão Colmar von der Goltz havia alertado que qualquer futura guerra europeia veria "um êxodo de nações", e suas palavras se provaram corretas. Em agosto de 1914, os exércitos da Europa mobilizaram cerca de seis milhões de homens e lançaram-nos contra seus vizinhos. Os exércitos alemães invadiram a França e a Bélgica. Os exércitos russos invadiram a Alemanha. Os exércitos austríacos invadiram a Sérvia e a Rússia. Os exércitos franceses atacaram pela fronteira a Alsácia-Lorena alemã. Os britânicos enviaram uma força expedicionária para ajudar os franceses, esperando confiantemente chegar a Berlim pelo Natal. Apenas os italianos, cujas obrigações sob a Tríplice Aliança envolviam somente uma guerra defensiva e excluíam hostilidade à Grã-Bretanha, esperavam prudentemente os acontecimentos. Se os "Aliados" (como a aliança franco-russo-britânica se tornou conhecida) vencessem, a Itália poderia ganhar as terras que reivindicava da Áustria; se as "Potências Centrais" (os austro-germanos) fossem as vencedoras, ela poderia ganhar não só as contestadas terras fronteiriças com a França, Nice e Saboia, mas as possessões francesas na África do Norte para acrescentar ao império mediterrâneo que já começara a adquirir às expensas dos turcos. A política da Itália era guiada, como o seu primeiro-ministro declarou com uma franqueza cativante, pelo *sacro egoísmo*.

A invasão da Bélgica

Vimos como os planos militares de todos os beligerantes eram baseados na pressuposição de que, para não ser desastrosa, a guerra tinha de ser curta, e uma ofensiva bem-sucedida era a única maneira de assegurar que assim fosse. Em nenhum outro lugar acreditava-se nessa hipótese com mais força do que em Berlim. O Estado-Maior havia calculado que o Exército francês tinha de ser derrotado em seis semanas, para que forças consideráveis fossem transferidas a fim de enfrentar e derrotar o esperado ataque russo no leste. Isso só poderia ser feito pelo grande movimento desbordante através da Bélgica visualizado por Schlieffen – uma manobra que procurava não só derrotar os exércitos franceses, mas cercá-los e aniquilá-los numa *Schlacht ohne Morgen* – "numa batalha sem amanhã". O sucessor de Schlieffen, Helmut von Moltke, sobrinho do grande marechal de campo que tinha liderado as forças prussianas para a vitória em 1866 e 1870, modificou o plano para providenciar mais proteção contra uma possível invasão francesa e para evitar a necessidade de invadir igualmente a Holanda; pois, se a guerra se arrastasse por muito tempo, uma Holanda neutra seria essencial para a economia alemã. Depois da guerra, Moltke foi acusado de ter arruinado o conceito de Schlieffen, mas pesquisas posteriores têm demonstrado que as recomendações de Schlieffen eram logisticamente impossíveis. Aguardava-se em geral uma invasão alemã da Bélgica – os terminais ferroviários construídos ao longo da fronteira belga revelavam o jogo –, mas os cálculos dos Estados-Maiores francês e britânico haviam concluído que restrições de logística e potencial humano confinariam o movimento na margem direita do Meuse. Foram apenas as duas unidades militares adicionais, propiciadas pelas reformas militares alemãs de 1911-1912, e o emprego pouco ortodoxo de unidades de reservistas como tropas da linha de frente que capacitaram Moltke a elaborar as ideias de Schlieffen e montar um ataque numa escala que tomou os Aliados completamente de surpresa.

Os belgas tinham se preparado para uma invasão alemã construindo um importante complexo de fortificações em Liège. Para lidar com isso, os alemães empregaram a sua principal "arma secreta" – artilharia móvel para o cerco, morteiros especialmente pesados da fábrica austríaca Skoda, cujas bombas estraçalhavam aço e concreto além de desmantelarem a guarnição, forçando-a a se render. Em 17 de agosto, eles já tinham aberto o caminho, e começou a marcha alemã pela Bélgica. À sua frente, os exércitos alemães impeliam um mar de refugiados que atravancavam as estradas com carroças entulhadas com tudo o que podiam resgatar de suas posses – o primeiro fio d'água daquela imensa e miserável inundação de humanidade desarraigada que caracterizaria a guerra no restante do século. Aqueles que permaneciam em suas casas eram tratados pelos invasores com uma dureza calculada para prevenir o tipo de "guerra popular" de sabotagem e assassinato que os franceses tinham começado a travar contra os seus invasores em 1870. Vendo sabotadores e *francs-tireurs* mesmo quando eles não existiam, as tropas alemãs prenderam e fuzilaram aproximadamente cinco mil civis belgas e incendiaram indiscriminadamente edifícios, inclusive aqueles da Universidade medieval de Louvain. Relatos loucamente exagerados de suas atrocidades eram espalhados na Grã-Bretanha, confirmando o apoio público a uma guerra que passou a ser vista rapidamente como uma cruzada contra o bárbaro militarismo alemão – uma opinião que chegou a regiões influentes nos Estados Unidos. Se a própria invasão não tivesse sido suficiente para provocar a intervenção da Grã-Bretanha, a maneira como as forças alemãs impuseram a sua ocupação teria criado uma pressão quase irresistível para entrar na guerra.

A batalha do Marne

Enquanto isso, o general Joseph Joffre, o comandante em chefe francês, desferiu a sua ofensiva mais ao sul – entrando inicialmente na Alsácia-Lorena, em grande parte para satisfazer a opinião pública, depois em direção ao norte penetrando no flanco do ataque alemão. Por toda parte as forças francesas eram repelidas com pesadas baixas, principalmente em batalhas de choque com os alemães que avançavam, cuja pesada artilharia muitas vezes destruía as unidades francesas muito antes que pudessem pôr em ação os seus canhões mais leves. Os exércitos franceses já estavam assim recuando quando o movimento desbordante alemão começou a fazer efeito. A ala direita das forças alemãs, o Primeiro Exército do general Von Kluck, passou por Bruxelas em 20 de agosto e dois dias mais tarde encontrou o flanco esquerdo dos Aliados na cidade industrial de Mons. Ali as duas unidades da Força Expedicionária Britânica sob o comando do marechal de campo Sir John French tinham sido inseridas às pressas na linha e mal haviam tomado a sua posição quando foram atacadas. Com os aliados franceses à sua direita, foram forçadas a um recuo que durou duas semanas sufocantes até que, no início de setembro, o plano

Schlieffen entrou em colapso; os Aliados contra-atacaram; e toda a estratégia alemã desmoronou.

A história da chamada batalha do Marne tem sido recontada inúmeras vezes, e todos os envolvidos têm reclamado a maior parte dos créditos. Talvez o comentário mais convincente tenha sido o de Joffre, que mais tarde disse que não sabia quem havia vencido a batalha, mas sabia a quem seria atribuída a culpa, se tivesse sido perdida. Em poucas palavras, o que aconteceu foi o seguinte: Kluck tinha recebido ordens de passar rápido pelo oeste e sul de Paris para cercar e completar a aniquilação dos exércitos franceses. Mas em 30 de agosto ele resolveu que, em vez de realizar essa operação extremamente ambiciosa, daria prioridade a manter contato com o exército do general Von Bülow à sua esquerda, cuja marcha fora retardada por contra-ataques franceses. Com a aprovação de Moltke, ele desviou assim a sua linha de avanço para o sudeste de Paris. Enquanto isso, Joffre usara a sua rede de ferrovias para deslocar as forças da sua ala direita para a região de Paris, de onde elas então ameaçavam o flanco direito desprotegido de Kluck. Em 4 de setembro, Joffre deteve a retirada de suas forças principais e, simultaneamente, lançou esse novo exército contra Kluck. Quando Kluck formou as suas forças para combatê-lo, abriu-se uma brecha entre o seu flanco esquerdo e o direito de Bülow, pela qual as forças britânicas e francesas começaram a penetrar. Von Moltke, posicionado em Luxemburgo 241 quilômetros atrás da frente e recebendo apenas mensagens fragmentárias dos comandantes de seus exércitos, inquietou-se. Já enfraquecera as suas forças enviando duas unidades do exército para o front oriental, onde as coisas pareciam andar muito mal. Em 8 de setembro, ele enviou o seu chefe da inteligência, o coronel Hentsch, para ver o que estava acontecendo, com poderes plenipotenciários para pôr as coisas em ordem. Hentsch encontrou os dois quartéis-generais num estado de confusão e confirmou a inclinação de todos para recuar. Toda a linha alemã recuou para a linha do Aisne, com os franceses e os britânicos seguindo-os cautelosamente. Ali os alemães se estabeleceram em posições que defenderiam com sucesso durante a maior parte dos quatro anos seguintes.

A primeira batalha de Ypres

Moltke, um caráter instável em seus melhores momentos, sofreu então um colapso nervoso e foi substituído no comando dos exércitos alemães pelo ministro da Guerra, Erich von Falkenhayn. Este sabia, tanto quanto qualquer um, da importância de alcançar a vitória antes que o inverno começasse. Tratou de enviar toda unidade de que pôde se apoderar para resgatar o que ainda fosse possível do plano Schliefffen, flanqueando os Aliados pelo norte. Joffre reagiu na mesma moeda, colocando a seção norte da frente sob o comando do mais inspirado de seus comandantes subordinados, o general Ferdinand Foch. A costa foi mantida pelo que restava do exército belga, que fizera uma breve parada na Antuérpia, auxiliado galantemente, ainda que sem eficácia, por uma força improvisada de socorro da Grã-Bretanha, antes de ser obrigado a recuar em 6 de outubro. A Força Expedicionária Britânica, então com três unidades, apenas teve tempo para tomar posições à direita dos belgas, ao redor de Ypres, antes que, em 30 de outubro, começasse o ataque alemão.

Os dois lados sabiam que esta poderia ser a batalha decisiva da guerra. Os britânicos tinham colocado na linha quase todo o seu antigo exército regular, cuja qualidade mais do que compensava seu tamanho diminuto. Falkenhayn atacou com quatro unidades recém-criadas, e algumas delas eram compostas principalmente de estudantes não treinados abaixo da idade militar. Eles atacaram com uma coragem desesperada e foram dizimados aos milhares pelos rifles e metralhadoras britânicos fora da vila de Langemarck, no que se tornou conhecido na Alemanha como o *Kindermord*, o “Massacre dos Inocentes”. Mas a linha britânica manteve a sua posição, e em 11 de novembro rechaçou o último ataque alemão.

A Primeira Batalha de Ypres, como veio a ser chamada, presenciou o fim do antigo Exército britânico. Presenciou igualmente o fim da guerra móvel no front ocidental. As trincheiras apressadamente escavadas no solo pantanoso ao redor de Ypres tornaram-se parte de uma linha que se estendia do Mar do Norte até a fronteira suíça e que permaneceria, como vimos, essencialmente inalterada por mais quatro terríveis anos.

O front oriental em 1914

No front oriental, a situação era muito mais confusa. A lógica política teria levado os austríacos a concentrar o seu ataque na Sérvia, o motivo original da guerra, e os russos a avançar para o sul o mais rápido possível a fim de resgatar os sérvios. Não aconteceu nada disso. Ambos os governos tinham objetivos divididos. O governo russo estava certamente sob forte pressão para ajudar os sérvios, proveniente principalmente dos nacionalistas pan-eslavos, que haviam sido por cinquenta anos a força propulsora por trás da expansão russa nos Bálcãs. Mas havia igualmente uma forte pressão para ajudar os franceses, exercida pela burguesia liberal cujos laços com o Ocidente tinham sido cimentados pelos empréstimos e investimentos franceses. Havia também uma significativa facção pró-alemã, especialmente entre a aristocracia da corte, que fora momentaneamente silenciada, mas que se tornaria cada vez mais poderosa, à medida que a guerra continuava. O Alto-Comando russo era dilacerado por rivalidades políticas e profissionais, que o czar tentou resolver criando dois grupos do exército totalmente separados sob o comando nominal de seu tio, o grão-duque Nicolau. Esses combateriam guerras separadas, uma no nordeste da Polônia e da Prússia Oriental contra a Alemanha, a outra no sul da Galícia contra a Áustria-Hungria.

Desde 1911, quando começaram as grandes ampliações do Exército alemão, o Alto-Comando francês advertia os russos da necessidade de um rápido ataque para desviar o maior número possível de forças alemãs da ofensiva no oeste. O grupo do Exército russo ao norte fez o possível. Em 15 de agosto, enquanto as forças alemãs no oeste ainda eram refreadas pelos fortes de Liège, o Primeiro Exército russo, sob o comando do general Rennenkampf, entrou na Prússia Oriental a partir do leste e cinco dias mais tarde infligiu uma severa derrota aos alemães em Gumbinnen. No mesmo dia, o Segundo Exército, sob o comando do general Samsonov, avançou do sul, ameaçando o flanco direito alemão. A concentração alemã contra a França havia deixado apenas um exército para defender a fronteira a leste. O seu comandante, o general Von Prittwitz, entrou em pânico e ordenou uma retirada geral por trás do Vístula.

Mas a Prússia Oriental, o coração histórico da monarquia prussiana, não podia ser tão facilmente abandonada. Prittwitz foi exonerado, sendo substituído pela combinação formidável de Paul von Hindenburg e Erich Ludendorff. Hindenburg, uma encarnação sólida das virtudes prussianas tradicionais, havia servido nas guerras de 1866 e 1870 e fora novamente chamado da reserva aos 66 anos de idade. Ludendorff, o seu chefe do Estado-Maior, era um profissional da classe média cuja competência feroz fora demonstrada tanto nas batalhas burocráticas sobre a expansão do exército antes da guerra como pelo seu espantoso desempenho nos primeiros dias do conflito, quando num carro confiscado passara entre os fortes distantes e entrara em Liège, enganando as autoridades e obrigando a cidadela central a se render. Quando chegaram, os dois adotaram um plano já preparado pelo igualmente competente chefe do Estado-Maior de Prittwitz, o coronel Max Hoffmann, segundo o qual se deixava apenas um fino biombo de cavalaria para retardar o avanço de Rennenkampf a partir do leste, enquanto a maior parte das forças alemãs era concentrada contra Samsonov. Grande parte do sucesso dessa manobra se deveu ao conhecimento antecipado dos planos russos captados pela leitura de seus sinais de rádio emitidos *en clair*, e mais ainda à iniciativa do comandante de uma unidade alemã, o general Von François, que ignorou as ordens para permanecer firme na sua posição e avançou ousadamente a fim de interceptar a retirada de Samsonov para o sul. A batalha de três dias em Tannenberg (27-30 de agosto) resultou em cinquenta mil russos mortos ou feridos e noventa mil prisioneiros. Foi uma das maiores vitórias militares de todos os tempos e tem sido estudada em escolas superiores militares desde então, mas o seu efeito sobre o resultado da guerra foi insignificante. O seu único resultado duradouro foi a elevação de Hindenburg e Ludendorff ao status de semideuses na Alemanha. Nas lutas subsequentes entre os lagos masurianos, os alemães tomaram mais trinta mil prisioneiros, mas perderam cem mil homens de suas próprias forças.

Mais ao sul os austríacos, como os russos, estavam divididos quanto ao seu objetivo. A nítida preferência de seu chefe do Estado-Maior, Conrad von Hötzendorf, era enfrentar de uma vez por todas os sérvios perturbadores, mas ele tinha quatro exércitos russos concentrando-se contra a sua força nas fronteiras da Galícia, e recebia mensagens diárias de Berlim insistindo para que travasse combate com os russos e diminuindo assim a pressão sobre o Exército alemão. Conrad levou a pior nos dois casos. O seu ataque à Sérvia fracassou por ter sido prematuro. Os sérvios eram combatentes duros, que repeliram os austríacos fazendo-os cruzar de volta a fronteira com a perda de trinta mil homens. O seu ataque ao norte para entrar na Polônia russa resultou em batalhas de choque confusas, até que por fim uma ameaça russa a seu flanco direito o forçou a recuar para os Cárpatos, abandonando a fortaleza-chave de Przemysl e perdendo mais 350 mil homens. Os alemães reagiram a seus gritos cada mais desesperados de ajuda, atacando pela fronteira ocidental da Polônia em direção a Varsóvia. Em novembro, enquanto os britânicos lutavam em Ypres, imensas e inconclusivas batalhas rodopiavam ao redor de Lodz, nas quais cada lado perdeu cerca de cem mil homens. O irreprimível Conrad lançou então uma ofensiva de inverno pelos Cárpatos para resgatar Przemysl. Essa ofensiva desmoronou em nevascas uivantes, e Przemysl se rendeu em março. A essa altura o Exército Habsburgo tinha perdido mais de dois milhões de homens.

Assim, no fim de 1914, a guerra curta para a qual os exércitos da Europa tinham se preparado nos quarenta anos anteriores estava finda, mas ninguém havia vencido.

Capítulo 4

1915: A guerra continua

Se essa tivesse sido uma "guerra limitada" no estilo do século XVIII, o governo poderia a essa altura ter declarado uma trégua e improvisado um compromisso de paz. Se pudessem decidir por sua própria conta, os protagonistas originais, a Rússia e a Áustria-Hungria, com quase toda a certeza teriam agido dessa maneira. Mas as causas originais da guerra estavam então quase esquecidas, e o que aquelas potências sentiam já nem importava. Os seus aliados estavam então ao volante, e não tinham intenção de ordenar o cessar-fogo. Depois de uma sequência de sucessos brilhantes, os exércitos alemães estavam dentro do território de seus adversários e esperavam poder completar a sua vitória durante o ano seguinte. O seu governo já tinha rabiscado, no chamado Programa de Setembro, as condições de paz que pretendia impor a seus inimigos derrotados. No oeste, a Bélgica se tornaria um protetorado alemão. A França seria obrigada a ceder ainda mais terras nas suas fronteiras do leste e a desmilitarizar os seus territórios do norte até o ponto mais ao sul, que seria a foz do rio Somme. No leste, as fronteiras alemãs seriam empurradas Polônia adentro e estendidas ao norte ao longo do litoral báltico. Seriam exigidas indenizações pesadas dos Aliados derrotados, proporcionais às perdas de "sangue e tesouro" da Alemanha. Para a França, naturalmente, não poderia haver paz enquanto o Exército alemão ocupasse um quinto de seu território mais produtivo. Quanto à opinião da Grã-Bretanha, a paz era impensável enquanto a Alemanha continuasse a ocupar a Bélgica comportando-se de forma tão ultrajante na região, e o milhão e tanto de homens que tinha se alistado na deflagração da guerra mal começara a combater.

Em todo caso, para ambos os lados, especialmente para a Grã-Bretanha e para a Alemanha, a guerra já não era apenas uma luta tradicional pelo poder, mas cada vez mais um conflito de ideologias. Se os conservadores na Grã-Bretanha

A autoimagem da Alemanha durante a guerra.

a viam como uma defesa do Império Britânico contra o desafio de uma grande potência rival, os liberais a consideravam uma luta pela democracia e pelo domínio da lei contra o tacão do militarismo prussiano, cuja forma de tratar a Bélgica propiciava um sabor antecipado do que aguardava a Europa nas mãos de uma vitoriosa Alemanha. A demonização da Alemanha seria intensificada, é claro, pela propaganda oficial, mas esta não fazia mais que explorar emoções que já estavam sendo ventiladas e intensificadas pela imprensa. O grau de histeria popular era tamanho que mesmo as famílias mais ilustres de nomes alemães acharam conveniente mudar seus nomes: os Battenberg se tornaram Mountbatten, a própria família real (geralmente conhecida como a Casa de Hanover, porém mais precisamente como Saxe-Coburg-Gotha) tor-

A imagem da Alemanha na propaganda dos Aliados.

nou-se a Casa de Windsor. Na extremidade inferior da escala animal, a raça popular dos pastores alemães foi renomeada como "alsacianos", e os dachshunds desapareceram das ruas. A música de Wagner foi efetivamente banida. Na Alemanha, as reações não eram menos intensas. O antagonismo encontrou expressão na popular *Hassgesang* de Ernst Lissauer, um Hino do Ódio, que acusava a Inglaterra de ser o inimigo mais perigoso e traiçoeiro da Alemanha. Os acadêmicos e os intelectuais alemães reuniam suas forças para descrever uma Alemanha em luta por uma *Kultur* única contra a barbárie eslava de um lado e, de outro, a frivolidade e a decadência da *civilisation* francesa e o materialismo consumista grosseiro dos anglo-saxões – uma *Kultur* que era representada e defendida pelas virtudes guerreiras que o Ocidente condenava como militarismo. Essas "paixões populares" eram ao menos tão importantes quanto os cálculos políticos ou militares na determinação dos beligerantes em continuar insistindo com a guerra.

A guerra no mar

O governo britânico havia inicialmente partilhado a ilusão do continente de que a guerra estaria terminada em questão de meses; não por meio de uma decisão militar, mas por um colapso do sistema financeiro que possibilitava o funcionamento da economia das potências beligerantes. Houve uma surpresa geral quando o novo secretário de Estado para a Guerra, o mais ilustre soldado vivo da Grã-Bretanha, lorde Kitchener, alertou seus colegas civis para que fizessem planos para uma guerra que duraria ao menos três anos, embora o precedente histórico não desse razões para supor que estaria terminada com mais rapidez. Ainda que a Alemanha fosse tão bem-sucedida por terra como tinha sido Napoleão, era provável que a guerra continuasse assim como continuara nos dias de Napoleão; e, como Napoleão, a Alemanha acabaria derrotada pelo "domínio do mar" britânico. A principal preocupação da Marinha Real era assegurar que isso aconteceria.

Sobre a importância desse "domínio", ninguém tinha dúvida. A opinião naval ortodoxa, tanto na Alemanha como na Grã-Bretanha, acreditava que as guerras eram vencidas ou perdidas por um confronto de grandes frotas de guerra, como acontecera na era de Nelson. O vencedor seria então capaz de matar seu inimigo de fome e forçá-lo a se render, ou ao menos interromper o seu comércio de tal modo que a sua economia entraria em colapso e ele já não poderia continuar a combater. Apesar do programa de construção naval de Tirpitz, a Frota Germânica de Alto-Mar ainda não estava em posição de desafiar a Grande Frota Britânica, mas os britânicos eram por demais cautelosos com o poder letal de minas ou torpedos para ir procurar a frota germânica nas suas bases no Mar do Norte ou para impor um bloqueio próximo da costa alemã. A sua cautela se mostrou justificada quando, em 22 de setembro de 1914, um submarino alemão afundou três cruzadores britânicos no Canal da Mancha, com uma perda de 1.500 vidas. A Grande Frota permanecia, portanto, no porto em Scapa Flow, no extremo norte da Escócia, em alerta caso a frota germânica tentasse uma operação militar. Os seus inimigos na Frota Germânica de Alto-Mar tiveram a mesa atitude, enquanto a Marinha Real varria dos mares a frota mercante alemã. Havia no mar poucos navios alemães de ataque ao comércio quando irrompeu a guerra, e eles foram rapidamente abatidos, embora não antes que um esquadrão sob o comando do almirante Graf von Spee destruísse um destacamento britânico em Coronel, perto da costa do Chile, em 1º de novembro de 1914 – para ser destruído, por sua vez, na Batalha das Ilhas Falklands um mês mais tarde.

Os cruzadores alcmães bombardearam as cidades costeiras inglesas durante o inverno de 1914-1915 e houve um confronto em Dogger Bank em janeiro, mas do contrário ambas as frotas permaneceram inativas. Dois anos depois, um novo comandante alemão, o almirante Scheer, perdeu a paciência. Em 31 de maio de 1916, ele conduziu a Frota de Alto-Mar ao Mar do Norte a fim de desafiar a Grande Frota Britânica para uma batalha. Os britânicos aceitaram o desafio, e as duas frotas se confrontaram perto da costa dinamarquesa no que se tornaria conhecido para os ingleses como a Batalha de Jutlândia e, para os alemães, como a de Skaggerak. A natureza inédita do confronto e o fracasso das comunicações por sinais tornaram a própria batalha inconclusiva. Os alemães afundaram quatorze navios britânicos, totalizando 110 mil toneladas, contra a sua própria perda de onze navios, totalizando 62 mil toneladas, e assim podiam reivindicar plausivelmente uma vitória tática. Mas a situação estratégica continuou inalterada. Os navios britânicos continuaram a dominar os oceanos do mundo, e a Frota Germânica de Alto-Mar, a se deteriorar no porto até o fim da guerra.

A guerra colonial

O "domínio do mar" também significava que a Alemanha teve cortada a sua comunicação com as colônias, mas estas eram muito poucas para que isso tivesse importância. Ao contrário dos franceses no século XVIII, cujas colônias tinham sido uma fonte capital de riqueza que podia ser transferida para o conquistador, os alemães tinham adquirido colônias ultramarinas principalmente por razões de prestígio, para sustentar a sua pretensão ao status de *Weltmacht*, mas elas eram, na verdade, um escoadouro na sua economia. As suas ilhas no Pacífico Central – Marshall, Mariana, Carolina – foram rapidamente tomadas pelos aliados da Grã-Bretanha, os japoneses, assim como a sua base, Tsingtao, na terra firme chinesa. Aquelas no Pacífico do Sul – Samoa, Papua, Ilhas Salomão e as Bismarck – foram tomadas pelos australianos e pelos neozelandeses. Ironicamente, apesar de que todas seriam palco de combates desesperados na Segunda Guerra Mundial, na Primeira Guerra elas mal chegaram a ser espetáculos secundários. Na África Ocidental, as tropas coloniais francesas e britânicas cooperaram para limpar o terreno em Togolândia e nos Camarões alemães. As forças sul-africanas, na sua maior parte bôeres que tinham lutado contra os britânicos quinze anos antes, capturaram a África alemã do sudoeste, mais tarde Namíbia, mas a África alemã do leste, mais tarde Tanzânia, mostrou ser um osso muito mais duro de roer. O comandante da guarnição, Paul von Lettow-Vorbeck, repeliu primeiro um desembarque de tropas anglo-indianas em Tanga e depois fustigou uma expedição enviada para destruí-lo sob o comando de uma das estrelas da Guerra dos Bôeres, Jan Christian Smuts, numa campanha de guerrilha que ainda estava sendo travada com sucesso, quando a guerra terminou na Europa em 1918.

Lettow-Vorbeck defendeu brilhantemente a honra das armas alemãs, mas o efeito da sua campanha sobre o resultado da guerra foi insignificante. Estava claro desde o início que a guerra seria decidida nos campos de batalha europeus. Embora os britânicos tivessem traçado planos para a "Defesa Imperial" nos trinta anos anteriores, estes concerniam menos à defesa do território imperial ultramarino que às contribuições do Império para a Marinha Real e à homogeneização das forças canadenses, australianas e neozelandesas com as do Reino Unido. O domínio britânico dos mares tornava possível o deslocamento dessas forças para a Europa, algumas delas escoltadas por navios de guerra japoneses. Todos eram voluntários. Muitos eram imigrantes de primeira geração ou seus filhos, para quem a Grã-Bretanha ainda era "o lar" e ser membro do Império Britânico um motivo de orgulho. Além disso, a *détente* com a Rússia havia liberado o Exército indiano para o serviço ultramarino, embora o terrível inverno de 1914 que muitos deles passaram nas trincheiras alagadas do front ocidental deixasse claro que essa não era a melhor maneira de usar os seus serviços. Felizmente, abriu-se para eles um teatro de guerra mais conveniente quando, no fim de outubro, o Império Otomano entrou na guerra ao lado da Alemanha.

As campanhas de Dardanelos e Salônica

O Império Otomano (abreviando, "Turquia") era um ator principal na cena europeia cujo papel ainda não consideramos. Depois de um século de degeneração, derrota e humilhação, quando sobreviveu principalmente porque as potências europeias julgavam a sua existência necessária para preservar o equilíbrio na Europa Oriental, o poder foi tomado em 1908 por um grupo de jovens oficiais (os "Jovens Turcos" originais) determinados a modernizar o sistema político e econômico arcaico e a restaurar o prestígio nacional. Eles haviam virado as costas para as tradições islâmicas do Império Otomano, com suas vastas fronteiras esparramadas na África e na Arábia, em favor de uma Turquia compacta e etnicamente homogênea que eliminaria os elementos estrangeiros – gregos, armênios – de seu próprio território e patrocinaria um movimento panturaniano que libertaria e uniria os trinta milhões de turcos étnicos do Cáucaso, sul da Rússia e Ásia Central sob um único governo. Os russos viam o advento desse novo regime com um alarme compreensível, ainda mais porque na Alemanha ele encontrava um apoio entusiástico. Os investimentos alemães jorravam na região, especialmente para o desenvolvimento de suas ferrovias. Os diplomatas alemães exerciam em Constantinopla a influência dominante que tinha sido uma prerrogativa britânica no século anterior, enquanto os oficiais alemães ajudavam no treinamento e reequipamento do Exército turco – embora não a tempo de salvá-lo da derrota humilhante na Primeira Guerra Balcânica de 1912. Ainda existe uma espécie de santuário em honra de seus mentores alemães no Museu do Exército Turco em Istambul.

Os britânicos tinham uma visão descontraída de tudo isso. Uma vez estabelecidos no Egito na década de 1880, eles haviam abandonado a ingrata tarefa de sustentar os turcos como uma barreira à expansão russa. Na verdade, eles inicialmente viam na presença alemã na região um contrapeso útil contra a Rússia. Quando a Rússia se tornou uma aliada, os estreitos que ligam o Mediterrâneo com o Mar Negro, pelos quais passava um terço de todas as exportações russas, adquiriram uma nova importância estratégica, mas supunha-se que o domínio anglo-francês do Mediterrâneo bastaria para assegurar uma passagem segura. Além disso, se os alemães controlavam o Exército turco, os britânicos eram igualmente influentes na marinha turca. Dois navios de guerra estado da arte tinham sido construídos para os turcos em estaleiros britânicos, e em agosto de 1914 eles estavam prontos para serem entregues. Mas quando irrompeu a guerra, o governo britânico interveio e comprou os navios para uso próprio, indispondo-se assim com os seus principais apoiadores em Constantinopla. Era do conhecimento de todos que os turcos tinham acabado de assinar um tratado com a Alemanha dirigido contra os russos, de modo que não havia garantias de que os navios de guerra não cairiam sob controle alemão; e o incidente teria sido esquecido, se dois navios de guerra alemães, o *Goeben* e o *Breslau*, não tivessem conseguido escapar da perseguição britânica no Mediterrâneo quando a guerra foi deflagrada, ancorando ao largo de Constantinopla em 12 de agosto. A sua presença sombria, combinada com os sucessos espantosos dos exércitos alemães em todas as frentes de batalha, ajudou a persuadir o governo turco a declarar guerra à Rússia, e em 29 de outubro os navios alemães, então navegando sob a bandeira turca, bombardearam o porto de Odessa no Mar Negro. Ao mesmo tempo os turcos começaram a ofensiva contra os russos atacando na arena histórica do conflito russo-turco, o Cáucaso – uma ação imprudente no início do inverno, como as oitenta mil perdas turcas durante os três meses seguintes atestariam.

Os britânicos não lamentaram essa derrota diplomática, e talvez a tenham deliberadamente procurado. O decrépito Império Otomano lhes era mais útil como vítima do que como um aliado dependente. O Ministério Colonial e o Ministério da Índia tinham visto por muito tempo as possessões asiáticas da Turquia como uma presa legítima para o Império Britânico. Tendo começado recentemente a trocar a queima de carvão pela queima de óleo nos navios, a Marinha Real tinha os olhos voltados para as refinarias de petróleo em Basra, na ponta do Golfo Pérsico. Com a Turquia como inimiga, a Grã-Bretanha podia então converter a sua ocupação anômala do Egito num protetorado pleno. Londres até se sentia bastante confiante para prometer Constantinopla, vista por cem anos como um bastião da segurança britânica, a seus novos aliados, os russos. Supunha-se ainda que a Turquia, com sua vida política concentrada em Constantinopla, estaria facilmente vulnerável à pressão do poder marítimo britânico. Tudo o que se fazia necessário era forçar uma passagem por Dardanelos, o que ninguém achava que seria muito difícil; e, no início de 1915, houve preparativos para realizar exatamente esse plano.

A campanha de Dardanelos foi desencadeada em janeiro de 1915 por um pedido dos russos, então muito pressionados, para que fosse feita uma "demonstração" contra Constantinopla a fim de diminuir a pressão turca no Cáucaso. Havia forças influentes em Whitehall que sempre haviam questionado a sensatez de envolver o Exército britânico numa campanha terrestre na Europa Ocidental em vez de usar o poder marítimo da Grã-Bretanha para bloquear o inimigo e a sua força financeira para apoiar os aliados continentais – a estratégia que lhes tinha sido tão favorável nas Guerras Napoleônicas. Agora elas tinham a sua chance – especialmente desde que o exército não conseguira assegurar no front ocidental a decisão que fora aguardada com tanta confiança. O jovem primeiro-lorde do Almirantado, Winston Churchill, recomendava insistentemente a expedição de

Dardanelos com sua incomparável eloquência. O seu colega no ministério da Guerra, lorde Kitchener, um soldado imperial que passara a maior parte da sua vida no Oriente Médio, também a apoiava. Em primeiro lugar, a iniciativa reabriria as comunicações com a Rússia, liberando-a para exportar os grãos que desempenhavam um papel tão vital na sua economia. Além disso, uma "porta dos fundos" poderia ser aberta através dos Bálcãs para ajudar os sérvios, que ainda resistiam ao ataque austríaco; e os antigos aliados da Sérvia nas Guerras Balcânicas, a Bulgária e a Grécia, também poderiam ser persuadidos a vir em seu socorro. A Bulgária, admitia-se, era uma tentativa com pouca possibilidade de sucesso. De qualquer modo, tradicionalmente hostil à Sérvia, ela perdera para os sérvios, na Segunda Guerra Balcânica, as terras na Macedônia que considerava uma legítima recompensa por seus esforços na Primeira Guerra Balcânica, e ansiava recuperá-las. Os Aliados esperavam compensá-la às custas da Áustria-Hungria, mas as Potências Centrais estavam numa posição muito mais forte para cortejá-la, tanto diplomática como militarmente. Ninguém ficou muito surpreso quando a Bulgária entrou na guerra ao lado das Potências Centrais em outubro de 1915.

Mas a Grécia era outra história. Ela fora aliada da Sérvia nas duas Guerras Balcânicas. As suas classes empresariais e comerciais eram fortemente anglófilas. Com igual força, o exército e a corte eram pró-germânicos – o que não constituía surpresa, uma vez que o rei era cunhado do Kaiser (a maioria dos novos estados balcânicos havia adquirido membros para as suas famílias reais na Alemanha). O primeiro-ministro, Eleutherios Venizelos, um cretense, era um forte defensor dos Aliados, mas exigia um preço alto pelo apoio grego – Constantinopla, que infelizmente já fora prometida aos russos. Ainda assim, as vitórias sérvias sobre os austríacos no inverno de 1914 e os desembarques dos Aliados em Dardanelos no seguinte mês de março reforçaram a sua posição a ponto de ele poder acatar um pedido dos Aliados (inspirado principalmente pelos franceses): desembarcar um pequeno exército em Salônica para levar um auxílio direto aos sérvios. Essa força desembarcou em outubro de 1915.

A essa altura, muito já tinha acontecido. A expedição de Dardanelos havia fracassado. Os seus objetivos militares tinham sido desde o início confusos. A Marinha Real recebera ordens para simplesmente "bombardear e tomar a Península de Gallipoli, tendo Constantinopla como seu objetivo". Mas quando haviam atacado em março de 1915, as forças navais dos Aliados (anglo-franceses) tinham sido repelidas pelos campos minados dos inimigos, e haviam chamado forças terrestres para ajudar. As tropas foram então enviadas aos poucos à Península de Gallipoli, sofreram pesadas baixas ao desembarcar e só puderam se agarrar a estreitas cabeças de ponte despercebidas pelas fortes defesas turcas. Um importante ataque britânico em agosto, na Baía de Suvla, fracassou devido à incompetência de seus comandantes. Em outubro já era claro que a operação tinha sido um retumbante fracasso, só redimido pela coragem e resistência das tropas, especialmente aquelas da Austrália e da Nova Zelândia, que a tinham realizado, e pela evacuação bem-sucedida da península no final da guerra. Os Aliados haviam assim perdido todo o crédito no leste do Mediterrâneo. Na Grécia, Venizelos caíra em desgraça; e, quando a expedição dos Aliados desembarcou por fim em Salônica, o novo governo grego reclamou amargamente da violação da sua neutralidade – o que era especialmente embaraçoso para os liberais britânicos que afirmavam lutar pelos direitos das pequenas nações.

Para piorar a situação, as Potências Centrais haviam tomado a iniciativa militar nos Bálcãs com muito mais sucesso. Em novembro de 1915, as forças austríacas e alemãs sob comando alemão, acompanhadas pelos búlgaros, invadiram a Sérvia por três lados, impedindo de antemão o avanço dos Aliados a partir de Salônica para ajudar os sérvios. A Sérvia foi esmagada e ocupada, e os restos de seu exército derrotado saíram vagando pelas montanhas de Montenegro no meio do inverno para escapar pelos portos adriáticos. Aqueles que sobreviveram juntaram-se à força dos Aliados em Salônica, que foi abandonada num estado de impotência quase cômica, enquanto os austríacos enfim concentravam a sua força contra seus adversários preferidos, os italianos.

A Itália entra na guerra

A Itália, como vimos, havia declarado a sua neutralidade quando irrompeu a guerra. Não havia grande entusiasmo em ingressar na guerra: o erário fora consumido pela guerra contra os turcos, e a indústria estava paralisada por greves. A Igreja e grande parte da aristocracia apoiavam a causa dos austríacos católicos contra o Ocidente liberal. Mas as tradições do *Risorgimento*, a perspectiva da unificação final da nação italiana, davam à causa dos Aliados uma grande vantagem popular, que as Potências Centrais só podiam igualar cedendo os territórios italófonos ainda sob domínio austríaco. Os alemães exerceram forte pressão para que seus aliados austríacos abrissem mão desses territórios, mas Viena mostrou-se compreensivelmente relutante. Afinal a guerra estava sendo travada para preservar a monarquia, não para desmantelá-la. Os italianos eram universalmente impopulares, além de serem os únicos adversários que os austríacos confiavam poder derrotar. Ainda assim, em maio de 1915, Viena relutantemente cedeu à pressão alemã. Era tarde demais: os italianos haviam assinado o secreto Tratado de Londres com os Aliados em 26 de abril. Por esse tratado, eram-lhes prometidas todas as regiões italófonas ao sul dos Alpes, junto com o Tirol Meridional germanófono e as amplas áreas da Eslovênia e Dalmácia, onde os italianos eram uma clara minoria – sem falar numa partilha substancial da Anatólia turca, onde não havia absolutamente nenhum italiano.

A Itália entrou na guerra em 23 de maio de 1915, e o comandante em chefe Luigi Cadorna passou os dois anos seguintes lançando ataques suicidas nas montanhas além de Isonzo, onde perdeu quase um milhão de homens. O exército austríaco lutou contra eles com um entusiasmo que não havia demonstrado em nenhuma outra frente. É razoável argumentar que a entrada italiana na guerra contribuiu mais para o moral do Exército austríaco do que as vitórias que este havia conquistado, em grande parte como um parceiro secundário dos alemães, sobre os sérvios e os russos ao longo de 1915. Certamente pouco contribuiu para compensar os Aliados pela perda dos Bálcãs e pela sua derrota para os turcos.

O front oriental em 1915

Tampouco os Aliados tinham se saído melhor nas suas principais frentes de batalha. A iniciativa estratégica ainda estava com Berlim – em particular com Erich Falkenhayn, o extremamente competente novo chefe do Estado-Maior. Falkenhayn tinha uma clara ordem de prioridades. Ele tinha consciência de que os mais perigosos inimigos da Alemanha estavam no oeste. A menos que a França e, ainda mais importante, a Grã-Bretanha fossem derrotadas, os Aliados poderiam prolongar a guerra indefinidamente – não tanto pela sua própria força militar como pela superioridade marítima que os tornava capazes de se valer dos recursos do Novo Mundo e negá-los à Alemanha. A Rússia já não representava nenhuma ameaça imediata, e o simples tamanho da arena oriental tornava difícil que se obtivesse uma vitória decisiva naquela frente. Se pudesse decidir sozinho, Falkenhayn teria retornado à estratégia Schlieffen de alocar forças mínimas para deter os russos, enquanto concentrava tudo para assegurar uma vitória decisiva no oeste. Para o público alemão, os grandes heróis da guerra eram então os vencedores de Tannenberg: Hindenburg e Ludendorff. Esta dupla formidável não tinha intenção de deixar a sua arena ser reduzida a um cenário pouco significativo, e tinham à época bastante influência política para assegurar que isso não acontecesse. Além do mais, os austríacos no final de sua desastrosa campanha de inverno estavam à beira do colapso. Já no fim de 1914, eles tinham perdido um milhão e 250 mil homens. Por volta de março, haviam perdido mais oitocentos mil. Essas perdas incluíam a maior parte dos quadros profissionais que haviam mantido o exército multinacional unido, e as unidades eslavas – tchecos, romenos e rutênios – estavam começando a desertar *en masse*. O próprio Conrad começou a considerar uma paz separada com a Rússia, nem que fosse para lidar com os italianos de maneira mais eficaz.

Relutantemente, portanto, Falkenhayn aceitou que por um certo tempo teria de ficar na defensiva no oeste e atacar no leste com força suficiente para resgatar seu aliado austríaco e infligir muitas perdas aos russos a fim de reforçar

Tropas alemãs queimando uma vila no front oriental.

o poder dos círculos influentes em São Petersburgo que já estavam requerendo a paz. Com essa finalidade, ele criou um novo grupo militar austro-alemão sob o comando do general August von Mackensen, com o coronel Hans von Seeckt como seu chefe do Estado-Maior, para atacar as posições russas na Galícia na região de Gorlice-Tarnow. Essa ofensiva testemunhou o primeiro emprego dos métodos que caracterizariam os anos do meio da guerra: ataques de infantaria cuidadosamente planejados por trás de uma cortina de fogo de artilharia prolongado e concentrado. Foi um sucesso completo: cem mil prisioneiros foram capturados e as linhas russas penetradas numa profundidade de 130 quilômetros. Não foi em si uma batalha "decisiva", mas para Falkenhayn não era essa a questão. Ele estava começando a compreender a natureza desse novo tipo de guerra. Nessa forma diversa de guerrear, o objetivo era menos a vitória no campo de batalha que o "atrito". Agora a estratégia da Alemanha precisava ser compelir seus adversários a exaurir os seus recursos, comprometendo ao mesmo tempo a menor quantidade possível dos seus próprios.

Hindenburg e Ludendorff discordavam. Ainda visualizavam a estratégia de longo alcance do cerco ao inimigo, que capturaria todo o Exército russo, assim como Schlieffen havia esperado cercar os franceses, numa "batalha sem amanhã". Falkenhayn não queria nada disso. Em agosto, ele autorizou uma ofensiva no setor norte do front, mas com o objetivo limitado de expulsar os russos da Polônia e estabelecer uma linha defensiva de norte a sul através de Brest-Litovsk. Essa operação foi tão bem-sucedida que ele então permitiu que Ludendorff realizasse outro avanço extenso no norte para tomar Vilna; porém, mais uma vez, o Exército alemão obteve uma vitória operacional espetacular que não teve nenhuma consequência estratégica.

No final de 1915, a campanha alemã no front oriental apresentava um registro de sucessos ininterruptos, pelos quais Hindenburg e Ludendorff recebiam o crédito. Mas essas brilhantes vitórias sobre forças muito superiores pouco deviam às habilidades do generalato. Eram antes devidas a uma boa organização, uma logística superior, um melhor treinamento e um melhor serviço de inteligência, grande parte do qual obtido eletronicamente por escutas de mensagens russas transmitidas *en clair*; qualidades possuídas em abundância por um povo altamente educado e diligente cujo desenvolvimento continuava muito à frente do Império Russo.

Igualmente significativa, entretanto, foi a brutalidade com que essa campanha transcorreu em ambos os lados, da qual os civis foram as principais vítimas. As tropas russas devastavam os campos à medida que se retiravam, não tendo sentimentos de solidariedade para com seus habitantes poloneses e lituanos. O número de refugiados era estimado entre três e dez milhões. Os alemães se preocupavam ainda menos com o bem-estar dos civis. Avançavam não só como conquistadores, mas como colonizadores: esse era um território que Ludendorff planejava anexar como parte de um Reich maior, colonizado e dominado pelos alemães. A região tornou-se conhecida simplesmente como *OberOst*, em referência à organização militar que a governava. Os oficiais alemães tratavam os habitantes como bárbaros, sem direitos ou identidade própria. Nesse, como em muitos outros aspectos, as ações da Alemanha na Primeira Guerra Mundial prenunciavam sombriamente o seu comportamento na Segunda.

O front ocidental em 1915

No front ocidental, os alemães permaneceram na defensiva durante todo o ano de 1915, sendo igualmente bem-sucedidos. Atacaram só uma vez, em Ypres, em abril, com pouco objetivo estratégico sério a não ser experimentar uma nova arma, o gás de cloro venenoso. No início, a arma foi altamente eficaz: as tropas aliadas contra quem foi empregada, tomadas de todo pela surpresa, abandonaram temporariamente um trecho de oito mil metros da linha da frente de batalha. Mas os Aliados improvisaram rapidamente antídotos e incluíram a arma em seus próprios arsenais, tornando o procedimento da guerra ainda mais complexo e desumano. Como esse novo "horror" foi acrescentado ao registro alemão de barbárie e seria um dos itens mais valiosos da propaganda aliada tanto durante como após a guerra, é provável que se tenha mais perdido do que lucrado com essa inovação. Quanto ao resto, os exércitos alemães aperfeiçoaram as suas posições defensivas, em geral em terrenos de sua escolha – cavando sistemas de trincheiras com abrigos profundos e frequentemente confortáveis, protegidos por emaranhamentos de arame farpado e defendidos não só por uma artilharia pré-programada mas por metralhadoras, que tiveram então o seu mérito reconhecido no tipo de guerra defensiva que nenhum exército europeu havia esperado ter de combater.

Foram essas defesas que os exércitos aliados se sentiram compelidos a atacar. Em primeiro lugar, elas se achavam bem dentro do território francês, e ao menos para os franceses era impensável que ali permanecessem sem serem desafiadas. Além disso, os desastres no front oriental faziam a pressão continuada no oeste parecer essencial para que os russos fossem mantidos na guerra. A direção estratégica ainda estava em grande parte nas mãos dos franceses, com os britânicos agindo como parceiros secundários. Ainda havia uma forte pressão dentro do gabinete britânico em favor de limitar a contribuição britânica no front ocidental e procurar uma estratégia marítima mais tradicional – uma visão pela qual o próprio Kitchener sentia forte simpatia. Até os mais entusiasmados dos "ocidentais", como vieram a ser chamados, teriam preferido adiar qualquer ofensiva até 1916, quando esperavam que seus novos exércitos estivessem apropriadamente treinados e equipados. Mas o fracasso da campanha de Dardanelos, a pressão de seus aliados e, acima de tudo, o peso de uma opinião pública ansiosa por enfrentar os alemães, tudo isso significava que pelo fim de 1915 os britânicos estavam irrevogavelmente empenhados numa estratégia "ocidental" e aguardavam ansiosos a sua consumação no ano seguinte.

Assim, durante todo o ano de 1915, numa sucessão de ataques de intensidade crescente, os exércitos francês e britânico aprenderam as técnicas do novo tipo de guerra a um custo muito alto. Os seus primeiros ataques em março foram facilmente repelidos. Tornou-se evidente que a chave para um ataque bem-sucedido estava em bastante apoio da artilharia, mas os exércitos aliados ainda não tinham um número suficiente de canhões de calibre apropriado ou a indústria capaz de fabricá-los, enquanto os canhões que possuíam não tinham o tipo adequado de munição. Antes de 1914 os projéteis da artilharia tinham consistido principalmente em granadas, cujas explosões no ar eram eficazes na guerra móvel. Mas o que então se fazia necessário eram os fortes explosivos, bastante pesados para achatar as defesas de arame farpado, pulverizar a infantaria inimiga nas suas trincheiras, capturar as reservas do inimigo quando eram deslocadas para apoiar os defensores, e neutralizar a artilharia inimiga com o fogo de contrabateria. Além disso, os ataques de infantaria tinham de ser cuidadosamente coordenados com as barragens de artilharia, o que não só exigia trabalho de equipe de pri-

O marechal Joffre com seus parceiros britânicos de postos menos elevados, o marechal de campo Sir John French e o general Sir Douglas Haig.

meira categoria, mas comunicações confiáveis; e os únicos meios de comunicação confiáveis, na ausência de aparelhos de rádio móveis, eram soldados corredores, pombos-correios e linhas telefônicas, que constituíam em geral as primeiras baixas do contra-ataque de uma barragem inimiga. Por fim, ainda que um ataque fosse inicialmente bem-sucedido, raramente penetrava além da primeira linha do sistema de trincheiras alemão, onde permanecia vulnerável a bombardeio e contra-ataque pelos flancos. Um avanço maior era então retardado pela necessidade de a artilharia tornar a programar os seus alvos. Nesse estágio da guerra, os artilheiros tinham de disparar "tiros para ajustar a mira" a fim de assegurar sua precisão antes de começar um bombardeio. Isso levava tempo e anulava a surpresa. Mais tarde (como veremos) eles desenvolveram técnicas de "pré-programação" que tornaram esses tiros experimentais desnecessários. Por fim, a dificuldade de comunicação entre as forças atacantes e as reservas necessárias para completar a penetração nas linhas inimigas tornava o comando e o controle no campo de batalha quase impossível.

Para os britânicos, o problema era complicado pelo fato de que suas forças consistiam em voluntários quase sem treinamento, comandados por oficiais frequentemente promovidos a postos muito acima de seu nível de competência; mas deve-se dizer que os franceses, treinados como foram para um tipo completamente diferente de guerra, tiveram resultados pouco melhores. Ainda assim, em setembro, o estado desesperado dos russos exigia um esforço capital do Ocidente. Por isso, os Aliados lançaram uma grande ofensiva conjunta que, segundo a promessa de Joffre, "compeliria os alemães a se retirar para o Meuse e terminaria provavelmente a guerra". O setor britânico estava centrado na região mineira de Loos. O ataque foi lançado com um apoio maciço de artilharia, que então incluía canhões pesados bem como canhões de campo, e o gás foi pela primeira vez usado contra seus inventores. Os britânicos abriram realmente uma brecha na linha de frente alemã, com oito quilômetros de largura e três quilômetros de profundidade. Mas os alemães também haviam aprendido lições, e construíram toda uma segunda posição defensiva atrás da primeira. No lado britânico, falhas no trabalho de equipe, confusão de comando e o puro atrito da guerra fizeram com que não houvesse reservas a postos para explorar a brecha. A operação se arrastou por mais um mês, ao fim do qual ambos os lados tinham perdido duzentos mil homens.

Ainda assim, os Aliados calculavam que tinham então encontrado a fórmula da vitória: mais canhões, barragens preliminares mais longas, melhores comunicações e melhor trabalho de equipe. Tudo isso esperavam pôr em prática em 1916 numa grande ofensiva conjunta do leste e do oeste, planejada pelo Alto-Comando dos Aliados no quartel-general francês em Chantilly em novembro. Joffre continuava seguro no poder como comandante em chefe do exército aliado mais poderoso no oeste, mas a Grã-Bretanha estava se tornando um parceiro cada vez mais importante, uma vez que o tamanho da Força Expedicionária Britânica aumentara de suas originais 6 para 56 divisões, em seis exércitos. Supunha-se amplamente, e com razão, que seu comandante, Sir John French, já não estava à altura do seu posto, o que seu desempenho em Loos confirmara. Foi substituído por Sir Douglas Haig, severo, tartamudo e dono de uma férrea força de vontade; e iniciaram-se os preparativos para a batalha do Somme.

Capítulo 5

1916: A guerra de atrito

O front doméstico

No final de 1915, a guerra que todos tinham esperado estar terminada em seis meses já durava quase um ano e meio, e ninguém mais aguardava uma conclusão rápida. O que tornara possível que durasse tanto tempo?

Há uma resposta simples: o apoio continuado de todos os povos beligerantes, que não só suportavam as imensas perdas militares, mas aceitavam sem reclamar os controles e adversidades crescentes exigidos pela condução da guerra. Por toda parte os governos assumiam poderes sobre as vidas de seus cidadãos num grau que era não só inédito como tinha sido antes inimaginável. Onde os governos não tomavam o controle, as organizações voluntárias o faziam. O colapso financeiro esperado na deflagração da guerra não ocorreu. Os prêmios dos seguros eram fixados, os empréstimos do governo cobertos por subscrição, as cédulas substituíam o ouro, a escassez de mão de obra produzia salários elevados e os contratos do governo criavam uma prosperidade inédita para alguns setores das classes empresariais. Os produtores agrários sofriam muito com a escassez de mão de obra, mas a demanda de seus produtos era maior que nunca. Na verdade, depois de um ano de guerra, muitos setores da população em todos os países beligerantes estavam mais ricos do que jamais tinham sido. Mas, no final de 1915, o bloqueio mútuo começava a ferroar. As exportações declinavam, os preços subiam, a inflação resultante do fluxo crescente de papel-moeda atingia as classes assalariadas, as matérias-primas importadas para a indústria diminuíam ou desapareciam. As pressões combinadas do bloqueio e das exigências das forças armadas resultavam numa crescente escassez de alimentos, combustíveis e transporte; e, durante 1916, a população civil começou seriamente a sofrer.

As sociedades coesas e bem-organizadas da Europa Ocidental – Alemanha, França e Grã-Bretanha – foram as que mais souberam enfrentar a situação. Na verdade, a guerra só as tornou mais bem-organizadas e mais coesas. A luta de classes entre o capital e a mão de obra, que dominara a política em todos os lugares durante a primeira década do século, foi suspensa. Aos líderes trabalhistas foram dadas posições de responsabilidade administrativa e política. A escassez de mão de obra lhes dava novo poder de barganha. As burocracias, reforçadas por especialistas das universidades e negociantes, adquiriram o controle de mais e mais aspectos da vida nacional, e em muitos casos nunca mais o perderam. No final da guerra, todo estado europeu beligerante, até a Inglaterra defensora da liberdade, tinha se tornado uma economia centralmente planejada – sobretudo a Alemanha.

A burocracia alemã, ou melhor, a prussiana, sempre fora considerada, como o Exército prussiano, um modelo. Tinha desempenhado um pequeno papel nos preparativos para a guerra: a mobilização e tudo a ela ligado estavam nas mãos das autoridades militares. Havia um bom "baú de guerra" no *Reichsbank*, mas isso apenas no que dizia respeito aos preparativos civis da guerra. Apesar da vulnerabilidade alemã ao bloqueio, nada fora feito para estocar matérias-primas importadas essenciais para a produção de guerra. Foi só por iniciativa do civil Walther Rathenau, o criador do imenso consórcio elétrico AEG, que o Ministério da Guerra criou um Departamento de Materiais da Guerra, inicialmente sob a sua chefia, para controlar e distribuir os estoques essenciais. Ao mesmo tempo, o magnata armador Albert Ballin tomou a iniciativa de criar uma Organização Central de Compras, para racionalizar a aquisição de importações essenciais. Essas duas organizações foram em grande parte dirigidas pelos empresários cujas atividades elas controlavam. A indústria química alemã, referência de excelência na Europa, tomou igualmente a iniciativa de desenvolver substitutos (*ersatz*) para matérias-primas inexistentes – polpa de madeira para produtos têxteis, borracha sintética e nitratos para os fertilizantes, e explosivos sintetizados a partir da atmosfera. Ainda assim, no final de 1915, tanto os alimentos como as roupas estavam se tornando escassos. Introduziram-se o racionamento e os controles de preço, em geral aceitos como justos; mas, apesar das vitórias de seus exércitos, o povo alemão estava se tornando maltrapilho, ansioso e, nas cidades, cada vez mais faminto.

Os britânicos também não estavam bem preparados para uma guerra prolongada, mas o governo tinha sido rápido em tomar as medidas militares e políticas iniciais. Um "Livro da Guerra" já tinha sido elaborado dando controle sobre portos, ferrovias, frota mercante e taxas de seguro, e uma Lei da Defesa do Reino foi aprovada celeremente por um parlamento unânime, concedendo ao governo poderes virtualmente absolutos. O próprio governo, liberal e pacífico sob a liderança branda de Herbert Asquith, a princípio deixou a condução da guerra nas mãos de Kitchener. Como tantos líderes militares britânicos, Kitchener passara a maior parte da sua carreira no ultramar e estava completamente desnorteado no cargo, mas, ao contrário da maioria de seus contemporâneos, ele percebia que a guerra seria longa e precisaria de um grande exército e uma grande marinha para ser travada. Planejou expandir as seis divisões existentes da Força Expedicionária para setenta e fez um apelo para que voluntários preenchessem as suas fileiras. A resposta foi imediata. No final de 1914, um milhão de homens tinha se alistado, um número muito maior do que o governo poderia armar e equipar. Mas esses ainda eram menos de um quarto dos que seriam em última análise necessários, e no verão de 1915 o suprimento de voluntários estava diminuindo. A conscrição era anátema para o governo liberal, e tentou-se uma série de meias medidas até que, em maio de 1916, foi introduzido com muita relutância o serviço militar obrigatório para todos os homens entre 18 e 41 anos.

Entre os assalariados, o lugar daqueles que se alistavam era em parte preenchido por mulheres. Essas já tinham se organizado antes da guerra no movimento "Suffragette" para exigir o direito de voto, e as líderes daquele movimento então exerciam a sua influência por trás do esforço de guerra. As mulheres tornaram-se rapidamente indispensáveis não só nos serviços de enfermagem e assistência social, mas nos

Operárias numa fábrica de munições.

escritórios e fábricas e na agricultura, mudando todo o equilíbrio da sociedade nesse processo. Em 1918, essa mudança se refletiu numa nova Lei da Representação do Povo, pela qual o voto era estendido de sete para 21 milhões de pessoas, inclusive mulheres acima de trinta anos. Quase um subproduto da guerra, a Grã-Bretanha tornou-se algo que se aproximava de uma democracia plena.

Os voluntários podiam preencher as fileiras das forças armadas, mas fornecer armas e munição suficientes para armá-los era uma questão muito diferente. No final de 1914, praticamente todos os exércitos beligerantes tinham exaurido os seus estoques de munição, e tornava-se claro que não só os homens, mas também a indústria teria de ser mobilizada para o esforço de guerra. Na Alemanha, isso foi realizado sob os auspícios dos militares; na Grã-Bretanha, pelos civis. Ali a iniciativa foi tomada pelo membro mais dinâmico do governo, David Lloyd George, que, passando por cima dos protestos de Kitchener, criou primeiro um Comitê e depois em maio de 1915 um ministério das Munições, que colocava indústria, mão de obra e funcionários públicos sob controle do governo, com poderes plenos sobre todo e qualquer aspecto do suprimento de munições. Em 1917, foram criados outros desses ministérios, notavelmente o de Alimentos e Expedição, compostos principalmente de especialistas da indústria, para tratar dos problemas de racionamento que surgiam da crescente pressão do bloqueio. Em consequência, embora em 1918 grande parte da população estivesse subnutrida, os britânicos nunca se aproximaram dos níveis de fome e privação que os seus inimigos sofreram no final da guerra.

A França tinha perdido quarenta por cento de seus depósitos de carvão e noventa por cento de seus minérios de ferro para a ocupação alemã, mas era ainda na sua maior parte um país agrário, e, embora a sua liderança política fosse notoriamente volátil, a sua administração estava nas mãos da burocracia formidavelmente eficiente criada por Napoleão. Mais importante, ela detinha o acesso aos recursos do hemisfério ocidental, e assim a sua excelente indústria de armamentos não sofreu. O seu governo, como o da Grã-Bretanha – uma coalizão de centro e esquerda de ampla base –, deixou inicialmente a condução da guerra para o general Joffre, o herói do Marne. No final de 1915, o Exército francês tinha sofrido perdas tão terríveis e produzido tão poucos resultados, que cresciam as dúvidas sobre a competência de Joffre – dúvidas que seriam reforçadas pelo seu fracasso em prever a ofensiva alemã contra Verdun na primavera seguinte. Mas não havia até então nenhuma inclinação para fazer a paz. O patriotismo tradicional de direita, encarnado no presidente Raymond Poincaré, unia-se ao amargo jacobinismo de seu crítico mais duro, Georges Clemenceau, na determinação de vencer a guerra e destruir o poder da Alemanha de começar outro conflito.

Muito diferente era a situação no Império Russo. Apesar de seu imenso efetivo e da rápida industrialização da sua economia, a Rússia padecia com duas desvantagens capitais e, em última análise, letais: o isolamento geográfico e a ineficiência administrativa. A primeira mutilava sua economia, a segunda tornava-a incapaz de reparar esses danos. Quando a guerra começou, os produtos importados essenciais acabaram, e o comércio dos exportados – principalmente grãos do sul da

Rússia, bloqueados em Dardanelos – diminuiu em setenta por cento. A produção doméstica não podia preencher a lacuna, embora os empresários nativos tivessem grandes lucros. Os exércitos russos, como todos os outros, ficaram rapidamente sem munição – e não só sem munição, mas também sem canhões e até sem armas pequenas. Nas grandes batalhas de 1914-1915, a infantaria russa teve de atacar sem a proteção das barragens da artilharia, e muitas vezes não tinham nem sequer rifles. Não é surpreendente que, pelo final de 1915, o Exército russo tivesse perdido cerca de quatro milhões de homens.

A incapacidade da burocracia russa, indolentemente incompetente para remediar a situação, gerou a gritaria pública e a criação de conselhos oficiosos, *Zemstva*, primeiro para lidar com a assistência social (incluindo o enorme influxo de refugiados vindo da zona de guerra), mas depois com todo aspecto da administração da guerra – alimentos, combustível, transporte e até assuntos militares. Porém, enquanto na Europa Ocidental essas iniciativas voluntárias eram bem-vindas e utilizadas pelo governo, na Rússia as suas atividades criavam um profundo ressentimento – tanto nos próprios burocratas profissionais, inclusive aqueles das forças armadas, quanto no círculo aristocrático que dominava a corte, liderada pela czarina e pelo seu sinistro conselheiro, o monge Rasputin, que se opunha totalmente à guerra. Em agosto de 1918, esse círculo persuadiu o czar a exonerar o seu tio Nicolau do comando dos exércitos e assumir ele próprio o comando. Durante a sua ausência no quartel-general, a czarina podia encarregar-se do governo e bloquear quaisquer outras tentativas de reforma.

A consequência foi trágica. No início de 1916, os esforços dos *Zemstva* começavam a dar resultados. Havia então uma abundância de canhões e munição, enquanto o Alto-Comando fora sacudido e atingia um novo nível de competência, que seria revelado pelo sucesso espetacular do general Brusilov no verão seguinte. Mas domesticamente tudo estava desmoronando. O sistema de transportes estava esmagado pelo aumento do tráfego, o que gerou um colapso no suprimento de combustíveis e, mais importante, de alimentos para as cidades. O inverno de 1915-1916 viu uma grave escassez de ambas as mercadorias em todas as cidades russas, especialmente na capital, Petrogrado (como São Petersburgo fora patrioticamente renomeada em 1914). Em 1916, a situação pioraria com rapidez, com um número crescente de greves nas cidades e uma ampla evasão do serviço militar na zona do campo. Por volta do final do ano, a Rússia havia se tornado ingovernável.

O único consolo para os Aliados era que a situação na Áustria-Hungria não estava muito melhor. A única vantagem da monarquia – que nem sempre era vista como tal – era que os alemães podiam trazer uma ajuda direta. Não fosse esse auxílio, os austríacos poderiam ter desmoronado ainda mais cedo que os russos. A solidariedade nacional – ou, melhor, multinacional – com que a guerra foi saudada não perdurou. Na primavera de 1915, depois da campanha de inverno desastrosa de Conrad, o Exército austríaco tinha perdido, como vimos, mais de dois milhões de homens, inclusive o grosso do quadro de oficiais profissionais que haviam mantido unida uma força armada que falava uma dúzia de línguas nativas. Somente infusões crescentes de "conselheiros" e oficiais de Estado-Maior alemães mantinham tudo funcionando. Nos assuntos domésticos, os húngaros seguiam cada vez mais o seu próprio caminho e, tendo autossuficiência em alimentos, sofriam pouco com o prolongamento da guerra. Os austríacos não tinham essa vantagem. Quanto aos alimentos, tornaram-se dependentes dos húngaros, que se mostravam relutantes em fornecê-los. A economia austríaca sofreu tanto quanto a alemã com os efeitos do bloqueio aliado, mas a burocracia moderada e incompetente, receosa de impor qualquer pressão sobre a lealdade duvidosa de sua população, mal tentou planejar uma economia de sítio ou administrar um sistema de racionamento. Viena começou a morrer de fome ainda antes que Petrogrado.

A campanha de Verdun

No final de 1915, os exércitos alemães venciam por toda parte, mas as suas vitórias não haviam tornado mais próximo o fim da guerra. A paciência dos civis que os sustentavam começava a diminuir. Uma *fronde* substancial em casa, liderada dentro do exército por Hindenburg e Ludendorff, mas apoiada também pelo chanceler Bethmann Hollweg, exigia a remoção de Falkenhayn. Ele ainda retinha a confiança do Kaiser, que se ressentia da tentativa de lhe usurparem a autoridade e não vacilava na sua crença de que a vitória só podia ser conquistada no oeste. Com boas razões, ele calculava que seu principal adversário já não era a França então quase à beira da exaustão, mas a Grã-Bretanha. Os exércitos da Grã-Bretanha ainda eram vigorosos e na sua maior parte não estavam comprometidos, e o seu domínio nos mares não só mantinha o bloqueio à Alemanha, mas também as comunicações abertas com os Estados Unidos, de cujos suprimentos os Aliados estavam se tornando cada vez mais dependentes. Para lidar com esse domínio marítimo, Falkenhayn insistia que se travasse uma guerra submarina irrestrita, o que consideraremos no seu devido tempo. Por terra, entretanto, ele acreditava que a principal arma da Grã-Bretanha ainda não eram os seus exércitos inexperientes, mas os da sua aliada, a França. Se a França pudesse ser atacada com um golpe tão arrasador que fosse compelida a pedir um acordo, "a espada da Inglaterra" – como dizia Falkenhayn – seria arrancada da sua mão. Mas, dado o poder testado e comprovado da defensiva no front ocidental, como isso poderia ser feito?

A fim de encontrar a solução, Falkenhayn voltou-se para o método que já tinha empregado com tanto sucesso no leste: atrito. Era necessário que a França fosse literalmente sangrada até a morte pela destruição de seus exércitos. Era preciso que os franceses fossem compelidos a atacar para recuperar um território que não podiam perder, e o território em questão seria a fortaleza de Verdun. Verdun não tinha nenhuma importância estratégica em si mesma, mas estava no vértice de uma fortificação vulnerável, além de ser um sítio histórico associado a todas as grandes glórias militares da França. Falkenhayn calculava que Joffre não poderia se dar ao luxo de *não* defendê-la, nem de não recuperá-la caso fosse perdida. Os exércitos alemães sofreriam inevitavelmente perdas no seu ataque, mas essas baixas, ele acreditava, seriam minimizadas pelo emprego eficaz das técnicas usadas com tanto sucesso em Gorlice-Tarnow: surpresa, bom trabalho de equipe e, acima de tudo, uma superioridade maciça de artilharia. Assim, em 21 de fevereiro de 1916, depois de um bombardeio de nove horas com quase mil canhões, o ataque começou.

Falkenhayn tinha razão. Joffre havia considerado Verdun desimportante em termos estratégicos e feito muito pouco para preparar a sua defesa, mas a pressão política tornava impossível que ele abandonasse o sítio à sua sorte. Sob o comando do general Philippe Pétain, cuja crença obstinada no poder da defensiva havia até então impedido que seus superiores predispostos à ofensiva lhe concedessem uma promoção, as tropas francesas obedeceram às instruções de se agarrar a toda e qualquer extensão do território e contra-atacar para recuperar qualquer trecho que fosse perdido. A tática do atrito era uma faca de dois gumes: os franceses infligiam tantas perdas quantas eles próprios sofriam. Pétain fez o possível para poupar as suas tropas alternando-as, mas Falkenhayn tinha de lançar os seus homens com um desespero crescente. Eram os canhões que dominavam o campo de batalha: no fim de junho, quando os ataques alemães finalmente cessaram, a artilharia de ambos os lados tinha criado uma paisagem de pesadelo como o mundo nunca vira antes. Ao seu horror foi acrescentado aquele gerado pelo gás e pelos lança-chamas na guerra corpo a corpo. Somados, os dois lados perderam meio milhão de homens e talvez nunca se saiba quantos ainda estão enterrados naquele solo sepulcral. Verdun permaneceu em mãos francesas. Para os franceses foi uma vitória magnífica, mas uma conquista que quase arrasou o seu exército. Para os alemães foi o seu primeiro inegável revés, um pesado golpe no moral do exército e do povo, e Falkenhayn pagou o preço. Em agosto foi substituído no comando, e o Kaiser chamou Hindenburg, com o fiel Ludendorff ao seu lado, para tomar o lugar de Falkenhayn como chefe do Estado-Maior.

A batalha do Somme

A essa altura havia ocorrido outro desenvolvimento no front ocidental. Vimos como na Conferência Chantilly, realizada no mês de novembro do ano anterior, o Alto-Comando aliado tinha concordado que em 1916 todos combinariam as suas forças, no leste e no oeste, numa ofensiva comum. A contribuição ocidental seria um ataque dos exércitos britânico e francês no seu ponto de junção, a leste de Amiens, sobre o rio Somme. Originalmente as forças teriam sido quase iguais, mas em julho, quando o ataque começou, o seu pesado comprometimento em Verdun havia reduzido a cota francesa a seis divisões de primeira linha contra as dezenove britânicas. Os britânicos não reclamaram. Esse era o teste para o qual os seus novos exércitos haviam se preparado nos dois anos anteriores. Os seus preparativos foram tão meticulosos, de grande alcance e claramente sinalizados quanto seriam aqueles para os desembarques na Normandia 28 anos mais tarde. O seu ataque foi precedido por um bombardeio de artilharia de uma semana, no qual foi disparado um milhão e meio de projéteis: "O arame nunca foi tão bem cortado", escreveu o general Haig na véspera da batalha, "nem os preparativos da artilharia tão perfeitos". Tão eficientes ele acreditava que tinham sido essas ações preliminares que muitos dos 120 mil homens que "partiram para o ataque" na manhã de 1º de julho não estavam equipados para um assalto, mas sobrecarregados com equipamentos destinados a fortificar posições já conquistadas para eles pela artilharia.

Não foi o que aconteceu. Uma grande percentagem dos projéteis disparados, fabricados apressadamente por uma mão de obra não qualificada, falhou. Os que realmente explodiram não conseguiram destruir defesas cavadas profundamente na encosta calcária, das quais saíam metralhadores, quando a barragem da artilharia suspendia o bombardeio, para atirar à queima-roupa nas longas linhas de tropas sobrecarregadas, arrastando-se pelas encostas calcárias nuas na sua direção. Uma vez iniciada a batalha, a cooperação cuidadosa entre infantaria e artilharia, de que tanta coisa dependia, desintegrou-se na neblina da guerra. No final do dia, 21 mil homens estavam mortos ou desaparecidos.

Se a batalha tivesse terminado com um sucesso espetacular, essas perdas, que não eram piores do que aquelas sofridas pelos exércitos russo e francês repetidas vezes durante os dois anos anteriores, poderiam ter sido consideradas um preço razoável a pagar. Mas, em vez disso, elas se tornaram, na memória coletiva britânica, o epítome do generalato incompetente e do sacrifício inútil. Os ataques continuaram por mais quatro meses. A essa altura os exércitos aliados tinham avançado cerca de dezesseis quilômetros, o campo de batalha do Somme havia sido abalado, como o de Verdun, e transformado numa paisagem lunar sem relevo, e os Aliados tinham perdido um total de seiscentos mil homens. O tamanho das perdas alemãs tem sido uma questão de furiosa controvérsia, mas elas não foram provavelmente muito menores que as dos Aliados, e os sofrimentos de suas tropas sob o bombardeio contínuo da artilharia não tinham sido menos terríveis. Como o objetivo do ataque sempre fora pouco claro – as próprias expectativas de Haig quanto a abrir uma brecha na linha inimiga nunca foram partilhadas pelos seus comandantes subordinados –, os Aliados afirmaram ter vencido a batalha em termos de atrito. Na verdade, no final do ano, eles, como seus adversários alemães, não conseguiam ver nenhum outro modo de vencer a guerra.

A ofensiva de Brusilov

Paradoxalmente, partiu dos russos, então quase desconsiderados por ambos os lados, uma contribuição para a ofensiva dos Aliados em 1916 que seria uma das mais bem-sucedidas de toda a guerra. Em março, eles tinham atacado na parte norte do front em direção à Vilna, mas, apesar de terem acumulado uma superioridade não só em homens como em armas e munições, haviam sido repelidos com uma perda de cem mil soldados. Ainda assim, mantiveram a promessa a seus aliados lançando, em junho, um ataque ao front da Galícia, sob o comando do general Alexei Brusilov, que abriu uma brecha de 32 quilômetros nos exércitos austríacos, penetrou 96 quilômetros e fez meio milhão de prisioneiros. O sucesso de Brusilov pode ser atribuído em parte ao baixo moral das forças austríacas e à qualidade muito ruim de seu Alto-Comando, aliados à coragem aparentemente sem limites das próprias tropas russas. Mas ainda mais importantes foram a reflexão e a preparação que entraram na operação: o planejamento detalhado, a cooperação próxima entre a infantaria e a artilharia, a disponibilidade imediata de reservas para explorar o sucesso, e, acima de tudo, as medidas tomadas para assegurar a surpresa. Foi uma indicação de que os exércitos estavam por fim começando a perceber a saída para o impasse tático.

Para os russos, seria uma vitória de Pirro. Os seus exércitos sofreram quase um milhão de baixas adicionais e nunca se recuperaram. O seu sucesso animou a vizinha Romênia, o último dos países balcânicos neutros, a se juntar aos Aliados, mas o Exército romeno mostrou-se quase risivelmente incompetente, e seria derrotado em pouco tempo numa campanha ofensiva austro-germano-búlgara, no outono, sob o comando de ninguém menos que Falkenhayn, que conseguiu assim fazer algo para recuperar a sua reputação muito machucada. A Romênia foi devastada, junto com os recursos de petróleo e grãos de que as Potências Centrais começavam a sentir uma falta tão desesperada. Mas isso ainda não tornou mais próxima a perspectiva de vitória. Uma pergunta era então feita em ambos os lados com uma insistência cada vez maior: se não havia perspectiva de vitória, por que não fazer a paz?

CAPÍTULO 6

OS ESTADOS UNIDOS ENTRAM NA GUERRA

Pressões domésticas no início de 1917

Os protagonistas originais na guerra, os impérios russo e austríaco, estavam então mais do que dispostos a fazer a paz. A pressão sobre os seus fronts domésticos tinha se tornado quase intolerável. Em toda parte havia escassez de alimentos, de combustíveis e de matérias-primas para a indústria – um resultado menos do bloqueio dos Aliados que das demandas insaciáveis da economia do setor militar. A inflação reinante impelia os bens de consumo para o mercado negro. Os beneficiários eram aqueles que lucravam com as indústrias da guerra, e sua nova riqueza atrevidamente ostentada intensificava as tensões sociais. Os camponeses ainda podiam guardar os seus produtos e recorrer a uma economia de escambo; assim, os que mais sofriam eram as classes trabalhadoras e a classe média baixa nas cidades, que tinham de aguardar nas filas por horas, frequentemente num frio cortante, para obter as mercadorias de baixa qualidade existentes. As greves e os tumultos por alimento se tornaram endêmicos por toda a Europa Central e Oriental. As dificuldades domésticas, combinadas com as perdas sofridas pelos seus exércitos, deixavam pouco espaço para o sentimento patriótico e a lealdade dinástica que haviam sustentado os regimes czarista e dos Habsburgo nos dois anos anteriores, e no fim de 1916 era claro que os dois impérios estavam empenhados numa corrida pela desintegração. A morte do imperador de 86 anos Francisco José em novembro foi considerada por muitos um presságio do fim do próprio império. O seu sucessor, o jovem imperador Carlos, logo estabeleceu "canais secretos" com a França para discutir as condições da paz. A influência alemã ainda era bastante forte tanto para sustentar o esforço de guerra austríaco como para reprimir a sua busca de paz, mas os aliados ocidentais do czar Nicolau II não puderam fazer nada para ajudá-lo quando, três meses mais tarde, tumultos por alimento em Petrogrado saíram do controle e derrubaram o seu regime.

Esses aliados ocidentais ainda não estavam prontos para a paz. Em primeiro lugar, burocracias eficientes e em grande parte não corruptas conseguiam administrar as suas economias com bastante competência para evitar sérias dificuldades civis. Além disso, o domínio dos mares lhes dava acesso aos produtos alimentícios e matérias-primas do hemisfério ocidental. A questão de pagar essas mercadorias acumularia imensos problemas para o futuro, mas no momento o crédito ainda era abundante. Um cansaço da guerra estava certamente crescendo tanto na França como na Grã-Bretanha. Em ambos os países, os socialistas, cujas lealdades internacionais pré-guerra tinham sido temporariamente esmagadas pelo fervor patriótico, começavam a argumentar em favor de um compromisso de paz, mas eles ainda eram uma pequena minoria, e o descontentamento político se dirigia antes à condução da guerra que à sua continuação. Em ambos os países, a crescente mobilização de recursos civis estava levando a um aumento da participação civil na administração da própria guerra. Na França, os sacrifícios de Verdun eram atribuídos aos julgamentos errôneos de Joffre, que foi substituído por um general politicamente mais aceitável, Robert Nivelle. Na Grã-Bretanha, a posição de Haig continuava inatacável apesar das perdas do Somme, mas o descontentamento popular encontrava seu alvo no governo um tanto apático de Herbert Asquith. Em dezembro, Asquith foi substituído como primeiro-ministro por David Lloyd George – um "homem do povo", a quem se dava com razão o crédito pela criação da infraestrutura civil que sustentava o esforço de guerra, um homem que tinha o carisma de um líder natural da guerra. O ânimo geral, tanto na França como na Grã-Bretanha no fim de 1916, era menos favorável a fazer a paz – certamente não enquanto os alemães continuassem na Bélgica e no nordeste da França – do que a travar a guerra com mais eficiência.

Esse era também o estado de espírito dos líderes militares da Alemanha. Enquanto na França e na Grã-Bretanha os reveses militares tinham levado a uma afirmação da liderança civil, na Alemanha os sucessos militares, em especial no front oriental, tinham realçado a reputação de Hindenburg e Ludendorff de tal maneira que, ao tirarem Falkenhayn do comando do exército em agosto de 1916, eles também assumiram virtualmente o controle do país. Mas, embora Falkenhayn tivesse perdido o posto, as suas ideias tinham triunfado. A experiência de Verdun e do Somme persuadiu os seus sucessores de que a natureza da guerra havia fundamentalmente mudado. Já não era um conflito a ser resolvido no campo de batalha por talento e moral militar superior, mas um confronto de resistência entre sociedades industriais nas quais o controle das forças armadas se fundia de modo inconsútil com o controle da produção e com a alocação dos recursos disponíveis. Os civis eram uma parte tão intrínseca da realização da guerra quanto os militares, e assim logicamente deveriam estar sob controle militar. O Alto-Comando alemão criou, nesse sentido, um Ministério Supremo da Guerra, um *Oberstekriegsamt*, para controlar tanto a indústria quanto a mão de obra, e aprovou uma Lei do Serviço Auxiliar, a *Hilfsdienstgesetz*, que tornou toda a população passível de conscrição. Os militares criaram de fato uma burocracia paralela, uma sombra da civil, que competia com ela na administração do país. Os soldados tornaram-se burocratas. E também políticos. O pessoal de Ludendorff fomentou uma campanha pelos objetivos triunfalistas da guerra estabelecidos no programa de setembro de 1914 – controle permanente da Bélgica e do norte da França, junto com amplas anexações de território na Polônia e no *OberOst*.

Ao proceder desse modo, eles pioraram as tensões que então dilaceravam a sociedade alemã. Os social-democratas, cuja força de votos estava entre as classes trabalhadoras urbanas, eram o partido mais forte no *Reichstag*, que ainda detinha o poder de votar créditos de guerra. Em 1914, eles haviam sido persuadidos a apoiar o que fora apresentado como uma guerra defensiva contra a agressão russa. Os russos haviam sido então substancialmente derrotados. A união da classe trabalhadora foi rompida pela política inteligente do exército no sentido de cooperar com os sindicatos e pelos aumentos

Hindenburg e Ludendorff: senhores da Alemanha dos tempos de guerra.

pródigos de salário nas indústrias relacionadas com a guerra, mas crescia a agitação por uma paz "sem anexações ou indenizações", e esse alvoroço encontrava crescente apoio nas cidades onde a escassez de alimentos já produzia tumultos. O fracasso da safra de batatas no outono de 1916 forçou os pobres cidadãos urbanos a subsistir durante todo o inverno com uma dieta composta principalmente de nabos. As perdas terríveis em Verdun e no Somme – um milhão e meio de homens mortos ou feridos – reduziram o moral alemão, tanto civil como militar. Por mais bem-sucedido que pudesse ser o Alto-Comando em arrancar mais produtividade da economia alemã, era cada vez mais duvidoso se o povo alemão apoiaria a guerra por mais um ano.

A guerra submarina irrestrita

Foi contra esse pano de fundo que o governo alemão tomou a sua decisão fatal de atacar a raiz da força industrial de seu inimigo, recorrendo a uma guerra submarina irrestrita. Eles compreendiam o risco que estavam correndo, de que isso provavelmente faria os Estados Unidos entrarem na guerra, mas calculavam que, quando a participação americana se tornasse efetiva, a guerra já teria sido vencida. Como disse um estadista alemão, era a última carta da Alemanha; "e se não for trunfo, estamos perdidos por séculos". Ele não estava muito errado.

Em 1914, poucas marinhas de guerra tinham compreendido o potencial do submarino. O alcance dos primeiros modelos movidos a gasolina só os tornava adequados para a defesa costeira, e mesmo quando, pouco antes da guerra, os submarinos foram equipados com motores a diesel, eles continuavam basicamente "submersíveis" – altamente vulneráveis na superfície e com uma capacidade de submersão muito limitada. A sua letalidade potencial foi demonstrada poucas semanas antes da deflagração da guerra, quando, como vimos, um submarino alemão afundara três cruzadores britânicos imprudentes no Canal da Mancha. Mas ataques a navios de guerra eram considerados jogo limpo. A navios mercantes desarmados, não. Ao longo de cerca de três séculos de guerra no tráfego marítimo, as potências marítimas da Europa haviam desenvolvido elaboradas regras para o tratamento de navios mercantes em alto-mar em tempos de guerra. Os beligerantes tinham o direito de deter os navios e revistá-los em busca de "contrabando" – isto é, materiais de guerra. Se alguma coisa fosse encontrada, o navio tinha de ser escoltado até o porto mais próximo, onde um "tribunal de presas marítimas" julgaria se a carga era contrabando ou não, confiscando-a se fosse. Se por qualquer razão isso não fosse possível, o navio poderia ser destruído, mas somente depois que os passageiros e a tripulação tivessem sido transferidos para um lugar seguro. No caso de um submarino, nada disso era possível. Eles nem tinham espaço para uma tripulação de reserva que pudesse pilotar os navios capturados ou acomodar seus prisioneiros. Se subissem à superfície para dar o aviso de ataque, ficariam vulneráveis a quaisquer armamentos que suas vítimas podiam estar carregando, além de ter a sua posição instantaneamente revelada pelo rádio; mas afundar o navio sem avisar e sem salvar a sua tripulação era, na opinião dos estrategistas navais pré-guerra, "impensável".

Ainda assim, o bloqueio sempre fora central para a condução da guerra entre as potências marítimas, e o advento da industrialização o tornara mais central do que nunca. Nas guerras entre sociedades agrárias, o bloqueio só podia destruir o comércio e com ele a riqueza que tornava os estados capazes de levar a guerra adiante. As populações ainda podiam se alimentar. Mas o bloqueio das sociedades industrializadas, especialmente aquelas tão altamente urbanizadas como a Grã-Bretanha e a Alemanha, não só interromperia o comércio e assim (acreditava-se) criaria o caos financeiro, mas destruiria as indústrias privando-as das matérias-primas importadas, sem falar em matar de fome as populações urbanas ao privá-las dos alimentos importados. Esse era o pesadelo que havia assombrado os planejadores e publicistas britânicos pré-guerra, quando consideravam as implicações de perder o "domínio do mar"; e essa era a arma com a qual o almirantado britânico tinha esperado alcançar a vitória sobre a Alemanha sem a necessidade de nenhum grande comprometimento militar no continente.

Em 1916, o bloqueio britânico estava realizando tudo que fora esperado dele. Os alemães podiam arquitetar escapadas marginais pelas potências neutras vizinhas – Holanda, Dinamarca e Escandinávia –, e seus cientistas, como vimos, haviam projetado substitutos fabricados no país para produtos importados essenciais como têxteis, borracha, açúcar e, especialmente, nitratos para explosivos e fertilizadores artificiais. Ainda assim, a pressão estava se tornando literalmente letal. A mortalidade entre as mulheres e as crianças pequenas tinha aumentado em cinquenta por cento, e as doenças relacionadas com a fome, como raquitismo, escorbuto e tuberculose, eram endêmicas. No final da guerra, as estimativas alemãs oficiais atribuíam 730 mil mortes diretamente ao bloqueio. Provavelmente, o número estava superestimado: grande parte da escassez se devia de fato a distorções da economia resultantes das enormes demandas dos militares. Mas a propaganda do governo podia atribuir plausivelmente todas as dificuldades sofridas pela população civil à brutalidade britânica. Por que não fazer os britânicos sofrerem, por sua vez?

Proceder assim parecia não só possível mas, aos olhos da maioria dos alemães, inteiramente legítimo. Os britânicos já tinham torcido, se não quebrado, a lei internacional, quando em novembro de 1914 haviam declarado todo o Mar do Norte uma "zona de guerra", na qual os navios mercantes neutros só podiam seguir adiante com licença da Marinha Real. Os alemães retaliaram no mês de fevereiro, declarando as vias de acesso às Ilhas Britânicas como zona de guerra na qual procurariam destruir todos os navios mercantes hostis, "sem serem capazes de garantir a segurança das pessoas e bens que estavam transportando". Três meses mais tarde, os britânicos pioraram ainda mais a situação anunciando a sua intenção de apreender e confiscar quaisquer mercadorias que suspeitassem ser destinadas à Alemanha, qualquer que fosse o seu dono ou destino alegado – impondo efetivamente um bloqueio total de comércio com a Alemanha independentemente dos direitos de neutralidade e das definições legais de contrabando. Isso provocou imensos protestos nos Estados Unidos, que haviam declarado guerra à Grã-Bretanha cem anos antes exatamente por esse motivo; porém, esses sinais de desagrado mal tinham começado a se manifestar, quando, em 6 de maio de 1915, um submarino alemão afundou o navio de luxo britânico *Lusitania* perto da costa sul da Irlanda numa viagem procedente de Nova York. O navio estava certamente contrabandeando munições, e o consulado alemão em Nova York havia avisado aos cidadãos americanos que eles viajavam por sua própria conta e risco. Mas, ainda assim, 128 embarcaram e a maioria morreu junto com mais de mil outros passageiros.

O choque para a opinião pública foi comparável ao do naufrágio do *Titanic* três anos antes, tendo sido explorado pela propaganda britânica como outro exemplo do "horror" alemão. Era então claro que, na batalha pela opinião pública americana, a Alemanha estava em grande desvantagem: enquanto o bloqueio britânico custava aos americanos apenas dinheiro, o alemão lhes custava vidas. Depois que outro navio de passageiros, o *Arabic*, foi afundado no seguinte mês de agosto, apesar de apenas dois americanos terem morrido, os protestos nos Estados Unidos se tornaram tão violentos que a marinha alemã proibiu seus comandantes de submarino de afundar navios assim que avistados, e retirou-os completamente do Atlântico e do Canal da Mancha. Isso significava que os comandantes dos submarinos alemães tinham de operar segundo as leis da "guerra de cruzador", o que implicava subir à superfície para identificar e deter navios suspeitos (que estavam frequentemente armados e poderiam até ser navios de guerra britânicos disfarçados como navios neutros desarmados) além de assegurar que os passageiros e a tripulação passassem em segurança para seus botes salva-vidas antes de lhes afundar o navio, dando assim tempo para que as vítimas transmitissem pelo rádio a posição delas e de seus atacantes. Mesmo assim, as perdas que infligiram foram sérias. No final de 1915, os submarinos alemães tinham afundado 885.471 toneladas de navios mercantes dos Aliados; no final de 1916, mais 1,23 milhão de toneladas. A Marinha Real parecia não ter poder para detê-los. O que eles não poderiam fazer se tivessem as mãos desatadas?

O Estado-Maior naval alemão criou um grupo de estudo composto de especialistas para considerar essa questão, e eles apresentaram alguns resultados notáveis. Concluíram que os britânicos só dispunham de cerca de oito milhões de toneladas de navios mercantes para todos os fins. Se a taxa de afundamentos pudesse ser aumentada para seiscentas mil toneladas por mês e os navios mercantes neutros fossem afastados por intimidação, em seis meses a Grã-Bretanha ficaria sem produtos alimentícios essenciais como grãos e carne; a sua produção de carvão seria atingida pela falta de madeira escandinava para as escoras de minas, o que reduziria a sua produção de ferro e aço, e isso por sua vez reduziria a sua capacidade de substituir os navios mercantes perdidos. A rendição britânica dentro de seis meses era assim estatisticamente certa, entrassem os Estados Unidos na guerra ou não.

Mesmo para muitos na Alemanha que não tinham conhecimento desses cálculos, a argumentação por uma guerra submarina irrestrita parecia então indiscutível, e travou-se um debate público sobre a questão durante a última metade de 1916. De um lado, estavam a Marinha, o Alto-Comando e as forças políticas de direita. No outro, estavam o Ministério das Relações Exteriores, o chanceler Von Bethmann Hollweg e os social-democratas no *Reichstag*. Bethmann Hollweg não confiava nas estatísticas. Ele estava convencido de que a guerra submarina irrestrita traria os Estados Unidos para a guerra e que isso levaria à derrota da Alemanha. Mas ele não via nenhuma outra alternativa a não ser fazer a paz; e as únicas condições de paz que o Alto-Comando estava disposto a considerar eram aquelas que os Aliados certamente não aceitariam.

O fracasso dos esforços de paz

O presidente dos Estados Unidos, Woodrow Wilson, recomendara aos beligerantes fazer a paz desde o início da guerra. A opinião pública americana tendia a apoiar os Aliados por razões ideológicas, reforçadas pelos elos sociais entre os "Wasp" (Brancos Anglo-Saxões Protestantes) predominantes na costa leste e as classes governantes britânicas. Havia uma forte pressão, liderada pelo ex-presidente Theodore Roosevelt, para que ocorresse uma intervenção imediata ao lado das democracias. A simpatia pelas Potências Centrais era tênue, e a imagem da Alemanha como um monstro militarista, projetada pelo comportamento alemão na Bélgica, o seu uso de gás venenoso e sua condução cruel da guerra no mar, tudo poderosamente ampliado pela propaganda dos Aliados, em nada contribuía para aumentá-la. Mas os britânicos tampouco eram populares. Além do voto irlandês substancial nas cidades do leste e das comunidades alemãs étnicas mais a oeste, havia muitos que não consideravam a Grã-Bretanha uma aliada natural, mas a inimiga tradicional contra a qual os Estados Unidos já tinham travado duas guerras capitais e poderiam ter de travar mais outra, se quisessem estabelecer seu lugar legítimo como uma potência mundial. Ainda assim, a esmagadora maioria dos americanos preferia se manter fora de uma guerra que nada tinha a ver com os seus negócios. Entretanto, à medida que a guerra se desenvolvia, uma crescente quantidade desses negócios consistia em suprir material de guerra aos Aliados – não necessariamente por simpatia ideológica, mas porque não podiam fazê-lo chegar aos alemães. Se esse comércio fosse interrompido, então a guerra se tornaria um negócio que lhes dizia respeito, gostassem disso ou não.

Até o final de 1916, a preocupação básica do presidente Woodrow Wilson fora manter os Estados Unidos fora da guerra. Mas quanto mais tempo se estendia a guerra, mais difícil isso se tornava. O seu problema não era tanto persuadir os Aliados muito pressionados a fazer a paz: isso sempre podia ser feito cortando-se os seus créditos e suprimentos, o que Wilson se mostrava totalmente pronto, se necessário, a fazer. Era antes como persuadir os alemães vitoriosos, que não recebiam suprimentos americanos de modo algum. Durante os anos de 1915 e 1916, o emissário pessoal de Wilson, o anglófilo coronel House, andara explorando possibilidades de um acordo, mas os exércitos alemães ainda eram vitoriosos demais, e os Aliados esperançosos demais quanto a uma vitória definitiva, para que qualquer um dos lados considerasse um possível acordo.

No final de 1916, a situação estava mudando. Em

Presidente Wilson: Profeta da Paz.

novembro, Wilson foi eleito presidente para um segundo mandato, e, embora tanto a sua inclinação pessoal como a política oficial de seu governo ainda fosse manter a América fora da guerra, o seu poder fora reforçado contra os isolacionistas. Na Europa, a pressão pela paz estava se tornando forte demais para que qualquer governo beligerante pudesse ignorá-la. Mesmo Ludendorff tinha de levar em consideração a situação difícil de seu aliado austríaco e os crescentes pedidos dentro do *Reichstag* por uma paz "sem anexações ou indenizações". Pouco depois de sua reeleição, Wilson convidou os beligerantes a formular as suas condições de paz. Os Aliados ficaram felizes em estabelecer as suas condições, sabendo que elas suscitariam a simpatia americana. Elas envolviam, em primeiro lugar, a restauração da independência belga e sérvia com plenas indenizações pelo estrago feito pelos seus invasores. Além disso, requeriam "a restituição de províncias e territórios arrancados dos Aliados à força no passado": a Alsácia-Lorena, obviamente, mas talvez também outros territórios. Os italianos, os eslavos, os romenos, os tchecos e os eslovacos seriam libertados da dominação estrangeira (o fato de o Tratado de Londres ter prometido extensos territórios eslavos para a Itália foi omitido). À Polônia seria concedida a independência – uma concessão que o czar, sob intensa pressão dos Aliados, já aceitara para os territórios poloneses sob o seu controle. Finalmente, o Império Otomano seria desmembrado, embora não fosse especificado segundo quais linhas.

As condições buscadas pelo Alto-Comando alemão, por outro lado, eram tão extremas que Bethmann Hollweg não ousou torná-las públicas por medo de seu efeito, não apenas entre os americanos, mas no *Reichstag*. Ele comunicou confidencialmente a Wilson uma versão aguada, explicando que essas condições seriam as únicas que podia tornar admissíveis pelos seus colegas. A Bélgica não seria anexada completamente, mas sua independência dependeria das garantias políticas, econômicas e militares que a tornariam virtualmente um protetorado alemão. Não só a Alsácia-Lorena permaneceria em mãos alemãs, mas a França também entregaria a terra vizinha rica em minérios ao redor de Briey. No leste, seriam estabelecidos protetorados alemães sobre a Polônia e as províncias bálticas, que assegurariam a sua continuada germanização. O domínio austríaco seria restaurado nos Bálcãs, e os territórios coloniais cedidos na África. Se os alemães tivessem vencido a guerra, essas seriam provavelmente as melhores condições que os Aliados poderiam esperar. O mesmo teria sido verdade com relação às condições aliadas para uma Alemanha derrotada. Mas nenhum dos lados ainda estava derrotado. Apesar do cansaço da guerra, os governos estavam preparados para continuar, em vez de fazer a paz segundo as únicas condições existentes.

Para pacificar o *Reichstag*, o governo alemão emitiu uma "Nota de Paz" em 12 de dezembro. Embora declarasse uma disposição geral para a paz, a nota não estabelecia objetivos específicos para a guerra, e seu tom belicoso ajudou os Aliados a rejeitá-la imediatamente. Essa rejeição deu ao Alto-Comando a desculpa de que necessitava. A decisão foi tomada em 9 de janeiro, mas só em 31 de janeiro o embaixador alemão em Washington informou ao governo americano que uma guerra submarina irrestrita a todos os navios que se aproximassem das Ilhas Britânicas começaria no dia seguinte.

Wilson rompeu imediatamente as relações com a Alemanha. Ainda não declarava guerra. Uma "neutralidade armada", pela qual os Estados Unidos armariam e protegeriam a sua frota mercante, ainda parecia uma alternativa possível. Mas o governo alemão supôs que a guerra era então inevitável. Com base nessa pressuposição, o ministro das Relações Exteriores da Alemanha, Arthur Zimmerman, já enviara em 16 de janeiro um cabograma ao governo mexicano, que se achava num estado de hostilidades intermitentes com os Estados Unidos, propondo uma aliança. Eles deveriam "fazer a guerra juntos, fazer a paz juntos, com um generoso apoio financeiro e uma compreensão de nossa parte de que o México deve reconquistar os territórios perdidos no Texas, Novo México e Arizona". Os britânicos interceptaram e decodificaram esse extraordinário documento assim que foi enviado, mas só revelaram o seu conteúdo a Wilson em 24 de fevereiro. As suspeitas naturais de que fosse uma falsificação britânica foram sepultadas pelo próprio Zimmerman, que reconheceu abertamente a autoria da mensagem.

A reação nos Estados Unidos, especialmente no oeste até então isolacionista, foi cataclísmica. Bastaram alguns outros afundamentos para convencer o próprio Wilson de que ele não tinha outra alternativa senão convidar o Congresso a declarar guerra. Foi o que fez em 5 de abril de 1917. Não se falava então, como Wilson tinha sugerido alguns meses antes, numa "Paz sem Vitória". Essa guerra seria, nas suas palavras, uma cruzada "pela democracia, pelo direito dos que se submetem à autoridade a ter voz em seus próprios governos, pelos direitos e liberdades das pequenas nações, pelo domínio universal da justiça estabelecido por um acordo de povos livres, que trará paz e segurança a todas as nações e tornará livre o próprio mundo". Por mais admiráveis que fossem essas intenções, elas eram muito diferentes daquelas com que os povos da Europa tinham entrado em guerra três anos antes.

Capítulo 7

1917: O ano da crise

Desenvolvimentos táticos no front ocidental

Ainda restava uma questão em aberto: se a entrada dos Estados Unidos na guerra poderia salvar os Aliados da derrota. À medida que 1917 se desenrolava, isso parecia cada vez mais duvidoso.

Ludendorff não pretendia desperdiçar mais vidas alemãs. Ele então planejava permanecer na defensiva a oeste até que a ofensiva submarina tivesse alcançado os resultados esperados. Um circuito pelos campos de batalha do Somme o aterrorizara. A política de Falkenhayn fora manter cada centímetro de terreno a todo custo. Em consequência, os sofrimentos das tropas alemãs em Verdun e no Somme foram pelo menos comparáveis aos de seus atacantes. Dado que o front alemão estava bem dentro do território francês, alguma elasticidade na defesa parecia totalmente justificável. Ludendorff ordenou, portanto, uma retirada geral da fortificação que se projetava entre Arras e Soissons, abandonando todos os campos de batalha do Somme que tinham sido tão amargamente defendidos, para uma "linha Hindenburg" (título britânico) mais curta e bem fortificada cerca de quarenta quilômetros na retaguarda. No curso dessa retirada, as tropas alemãs destruíram ou queimaram todas as habitações, mataram o gado e envenenaram os poços – atividades bastante comuns no front oriental, mas apenas confirmando a imagem bárbara que a Alemanha então apresentava ao Ocidente.

As novas defesas foram traçadas segundo novos princípios. As tropas já não ficavam apinhadas nas trincheiras da linha de frente fornecendo alvos fáceis para a artilharia inimiga. As linhas de trincheiras foram substituídas por zonas protegidas, baseadas em posições de metralhadoras bem separadas em "casamatas" defendidas por arame farpado e cobertas por uma artilharia pré-alinhada. O grosso da infantaria era mantido atrás, fora do alcance dos canhões inimigos, pronto para contra-atacar. Por trás dessas zonas de vanguarda ficavam outras suficientemente para dentro a ponto de tornar quase impossível abrir qualquer brecha. Não só essas posições requeriam menos tropas para defendê-las, como o fogo da artilharia inimiga caía principalmente em terreno aberto e só acrescentava mais obstáculos ao ataque da infantaria.

A réplica ofensiva a essas defesas já fora explorada no front oriental no ano anterior com a ofensiva de Brusilov: barragens de artilharia breves mas intensas e de grande alcance sobre alvos selecionados, seguidas por ataques de infantaria com os reservas mantidos bem na frente para penetrar entre os pontos fortes inimigos e causar confusão nas áreas da retaguarda. Os franceses também andavam pensando por linhas similares. Seu novo comandante em chefe, Robert Nivelle, conseguira algum sucesso com essa tática em Verdun, e estava ansioso por experimentá-la numa escala maior. Mas o que havia funcionado contra um Exército austro-húngaro já à beira da dissolução não funcionaria necessariamente contra os alemães, e os britânicos eram bem mais cautelosos. Eles próprios haviam começado a desenvolver veículos couraçados munidos de tração com lagartas, os "tanques", e tinham experimentado alguns poucos no Somme, mas os primeiros modelos eram tão desajeitados e mecanicamente defeituosos que só os seus defensores mais entusiásticos esperavam que eles pudessem fazer algo mais do que ajudar a infantaria a quebrar a primeira linha de defesa dos inimigos. A doutrina tática britânica havia se desenvolvido segundo linhas diferentes. Para os britânicos, a "rainha do campo de batalha" era então a artilharia. Em 1917, eles possuíam canhões e munição confiáveis em quantidades suficientes. Alguns melhoramentos na observação, quer por aeroplanos, quer por sonares ou pontaria ajustada com ajuda de clarões, tornavam então possível uma acuidade quase certeira nos disparos da contrabateria. Outros melhoramentos em mapeamento, fotografia aérea e análise meteorológica tornavam os artilheiros capazes de mirar os objetivos a partir de referências de mapas, sem perder o efeito de surpresa pelos disparos experimentais. Detonadores instantâneos e bombas de gás e fumaça possibilitavam barragens pesadas e letais que não tornavam o terreno intransitável para a infantaria atacante. Finalmente, os artilheiros britânicos haviam aperfeiçoado a "barragem rastejante" – o avanço de uma linha de artilharia por trás de cuja cobertura a infantaria podia assaltar numa distância de metros as posições inimigas.

O problema era que tudo isso exigia a sincronização mais exata e o trabalho de equipe mais elaborado. A própria infantaria estava se ajustando para satisfazer os requerimentos da guerra de trincheira, com metralhadoras leves, granadas de mão e morteiros de trincheira suplementando, se não substituindo, os rifles como seus armamentos básicos; mas a sua ação ainda ficava confinada em uma estrutura rígida determinada pelas necessidades e horários de artilheiros com os quais as comunicações ainda eram primitivas; e, uma vez iniciada a batalha, essas comunicações ainda se esfacelavam. Além disso, uma vez alcançados os objetivos iniciais, os canhões tinham de ser reordenados, se não fisicamente movidos para frente, a fim de atingirem outros alvos. Em consequência, o Alto-Comando britânico havia desenvolvido uma técnica que se tornou conhecida como "morde e segura" (*bite and hold*): ataques cuidadosamente preparados contra objetivos limitados, que eram então fortificados e mantidos, enquanto se faziam os preparativos para a próxima fase de ataque. Dentro de seus limites, essa técnica alcançou muito sucesso; mas não só era de pouco valor para obter a "brecha" com que o próprio Haig sonhava, como desencorajava o tipo de iniciativa em níveis inferiores de comando que era então lugar-comum dentro do Exército alemão.

As ofensivas dos Aliados na primavera de 1917

Usando técnicas como essas, o Alto-Comando aliado esperava que suas ofensivas não repetissem os desastres do ano anterior. Mas as perdas sofridas em Verdun e no Somme haviam desgastado a confiança que os governos francês e britânico tinham até então depositado nos seus líderes militares. Joffre, como vimos, fora substituído por Nivelle. Lloyd George não ousou fazer o mesmo com Haig, mas numa intriga tortuosa subordinou-o ao comando francês – uma manobra da qual as relações entre os líderes civis e militares britânicos nunca se recuperaram. O próprio otimismo de Nivelle não era partilhado pelos seus colegas generais. O seu apoio político foi solapado pela derrubada do primeiro-ministro francês Aristide Briand, cujos sucessores tinham pouca confiança nos planos militares de Nivelle. Quando em 16 de abril Nivelle lançou a sua tão anunciada ofensiva pelo Aisne contra os picos cobertos de bosques do Chemin des Dames, foi sob os piores auspícios possíveis. Os alemães tinham recebido um amplo alerta de antemão; os planos franceses haviam sido desfeitos pela retirada alemã para a linha Hindenburg; e o tempo estava terrível. Em vez da prometida brecha, houve um avanço doloroso de alguns quilômetros que teve de ser cancelado depois de dez dias, e a essa altura os franceses tinham sofrido mais de 130 mil baixas. Nivelle foi substituído por Pétain, o herói de Verdun, mas então o Exército francês já não aguentava mais. Entrou em colapso, não tanto por um motim quanto pelo equivalente de uma greve civil, unidades inteiras recusando-se a obedecer ordens e retornar ao front. Pétain cuidou de suas tropas e lhes devolveu aos poucos a saúde com um mínimo de severidade, em grande parte melhorando as suas condições e evitando quaisquer ações ofensivas de vulto, mas o Exército francês no front ocidental não pôde fazer mais grandes contribuições durante o resto do ano.

Os britânicos tiveram melhor desempenho – ao menos no início. Uma semana antes do início da ofensiva francesa pelo Aisne, eles tinham atacado mais a leste, em Arras. A primeira fase da operação foi um sucesso brilhante, com as tropas canadenses tomando a sobranceira cordilheira de Vimy. Haig esperava de novo abrir uma brecha, mas as novas defesas alemãs o frustraram. A ofensiva britânica mais uma vez diminuiu aos poucos o seu ritmo até ser desfeita no final de maio com a perda de mais 130 mil homens. Mas, na mente de Haig, não havia possibilidade de suspender os ataques. A essa altura não só os franceses, mas também os russos estavam *hors de combat*; não viria nenhuma ajuda efetiva dos Estados Unidos por mais um ano; e, o pior de tudo, a campanha submarina alemã parecia estar sendo bem-sucedida. Como disse alguém à época, zombando, "a questão é se o Exército britânico consegue vencer a guerra antes que a Marinha a perca".

Guerra no mar e no ar

A princípio parecia certo que a guerra submarina irrestrita atingiria todos os resultados que a marinha alemã prometera. O seu objetivo tinha sido afundar seiscentas mil toneladas de navios mercantes por mês, dobrando a taxa anterior. Atingiram-no em março. Em abril, afundaram mais 869 mil toneladas. Foi o pico alcançado. Os afundamentos pairaram em torno da marca de seiscentas mil toneladas todo o verão, diminuíram para quinhentas mil toneladas em agosto, e no final do ano tinham caído para trezentas mil toneladas. Por quê?

A razão mais óbvia foi a introdução do sistema de comboios, que o Almirantado havia declarado impraticável uma vez que, entre outras razões, acreditava não ter a quantidade suficiente de destróieres para escoltar o número de navios mercantes envolvidos. Como incluía todos os navios mercantes costeiros, o cálculo mostrou estar muito errado, e quando, por insistência de Lloyd George, o sistema de comboios foi introduzido no início de abril, o seu sucesso foi imediato. Assim que começaram a fazer com que seu peso fosse sentido, os americanos não só conseguiram reforçar a proteção dos comboios como construíram naus mercantes mais rápidas do que os submarinos que poderiam afundá-las. Os alemães também haviam calculado erroneamente o espaço de carga disponível para os Aliados, o grau da dependência britânica dos grãos importados e, acima de tudo, a capacidade britânica de tomar contramedidas na forma de controle do comércio e distribuição das mercadorias por meio do racionamento. O governo britânico operou na verdade uma economia de sítio de forma tão eficaz que, no final de 1917, as suas reservas de grãos tinham realmente dobrado.

Nada disso, entretanto, era aparente no verão de 1917, quando a população de Londres foi submetida a mais outra provação: bombardeios aéreos durante o dia.

A importância do poder aéreo não fora subestimada por nenhum dos beligerantes antes de 1914. Nos dez anos anteriores, a ficção imaginativa pintara os horrores do bombardeio aéreo de cidades por aeroplanos que ainda não tinham sido inventados, mas os próprios militares estavam mais preocupados com o efeito dos aeroplanos na guerra de superfície – em particular, sua capacidade de fazer as operações de reconhecimento que já não podiam ser empreendidas pela cavalaria. Mas, como esse reconhecimento só era possível se não fosse interrompido por aviões inimigos, a principal função da arma aérea tornou-se rapidamente estabelecer o domínio do ar sobre o campo de batalha, quer por combate aéreo direto, quer pela destruição de aeroportos inimigos. No combate singular entre os ases do ar acima da lama das trincheiras, a visão romântica tradicional da guerra desfrutou uma breve revivescência.

O "bombardeio estratégico", um ataque aos recursos civis do inimigo, era mais lento de desenvolver. Os balões dirigíveis alemães, cujo nome era em homenagem a seu principal patrocinador, o Graf von Zeppelin, tinham atacado a Antuérpia em agosto de 1914 (aviões britânicos responderam disparando contra galpões de Zeppelin em Düsseldorf em outubro) e começaram ataques noturnos sobre o Reino Unido no mês de janeiro seguinte. Mas a sua navegação era demasiado imprecisa e seu poder destrutivo demasiado fraco para que esses ataques fossem mais que um incômodo dramático; um incômodo, entretanto, que fornecia aos propagandistas mais evidências do horror alemão. Em 1917, já tinham sido criados aviões de longa distância mais confiáveis, e os bombardeiros Gotha alemães realizavam ataques diurnos sobre Londres. Os danos físicos e as baixas eram pequenos, mas o efeito moral enorme. Contra o conselho dos militares, que precisavam de todos os recursos que pudessem obter para a guerra na França, formou-se uma Força Aérea Independente, baseada no leste da França, com a tarefa de retaliar o território alemão. Como os únicos alvos atingíveis eram as cidades do alto Reno, o impacto imediato dessas operações foi insignificante, mas a longo prazo as suas implicações tiveram grande projeção. Na inadequada evidência de seu sucesso, a recém-formada Força Aérea Real construiria uma doutrina de bombardeios estratégicos que dominaria o pensamento estratégico britânico e, mais tarde, americano durante o resto do século XX.

O colapso do front oriental

Nesse meio-tempo, o front oriental estava se desintegrando. Em janeiro, ainda havia esperança de que o Exército russo, então bem suprido de canhões e munições, pudesse desempenhar o seu papel numa ofensiva conjunta na primavera. Mas em fevereiro os seus comandantes confessaram que o moral estava tão baixo, e a deserção era tão generalizada, que já não podiam confiar nas suas tropas. O moral do exército só refletia o do país em geral. A agitação revolucionária, bastante comum antes da guerra, mas anestesiada quando começaram as hostilidades, estava então quase fora do controle. Em março, os tumultos por alimento em Petrogrado transformaram-se em revolução, quando a polícia e o exército adotaram a causa dos agitadores. O czar foi persuadido a abdicar. Um regime de burgueses moderados assumiu a maquinaria do governo, mas foi estabelecido na capital um foco alternativo de poder por um conselho (soviete) de soldados e trabalhadores, que instituiu uma rede de autoridade alternativa por todo o país e determinou uma paz imediata.

Esses acontecimentos foram a princípio saudados no Ocidente, principalmente nos Estados Unidos. A Rússia czarista fora um aliado embaraçoso numa guerra travada para tornar o mundo seguro para a democracia, e o novo governo sob Alexander Kerensky declarava a sua intenção de continuar a guerra pela defesa da pátria russa. Em julho, Brusilov tentou repetir o seu triunfo do ano anterior com uma grande ofensiva no front da Galícia, tendo algum sucesso inicial. Depois os alemães contra-atacaram no norte. As defesas russas desmoronaram. A retirada tornou-se uma derrota fragorosa, e a velocidade do avanço alemão era determinada apenas pela sua capacidade de acompanhar as tropas russas que então "votavam com seus pés" e iam para casa. Em setembro, a fortaleza báltica de Riga caiu depois de um bombardeio-furacão planejado pelo gênio inovador de um certo coronel Bruchmuller. Enquanto isso, em Petrogrado, um líder revolucionário, Vladimir Iliych Ulianov Lênin, cujas opiniões tinham sido consideradas demasiado extremas por todos à exceção de seus colegas mais próximos, e cujo retorno do exílio na Suíça fora sagazmente facilitado pelo Alto-Comando alemão, andava expressando as demandas da imensa maioria de seus conterrâneos com três simples palavras: pão, terra e paz. Em novembro, ele precipitou um segundo *coup d'état*. Isso não criou um vácuo de poder como acontecera em março, mas uma ditadura cruel cujos fins imediatos dispunham do apoio do povo russo, ainda que seu programa e ideologia não fossem aceitos. Lênin pediu imediatamente ao Alto-Comando alemão um armistício, e em dezembro os lados se encontraram para discutir condições de paz em Brest-Litovsk.

Passchendaele

Embora um desastre numa escala tão catastrófica não tivesse sido previsto pelos aliados ocidentais no verão de 1917, eles não tinham ilusões sobre o estado do Exército russo. Na verdade, a sua fraqueza fornecia um dos argumentos mais fortes em favor de continuar a pressão sobre o front ocidental e contra a política, cada vez mais atraente para o Alto-Comando francês, de permanecer na defensiva e esperar a chegada dos americanos em 1918. A essa altura os russos já poderiam estar fora da guerra e os alemães teriam condições de concentrar todas as suas forças em abrir uma brecha entre os aliados ocidentais. Mas os franceses já não estavam tomando decisões importantes, e o seu colapso deixou o Alto-Comando britânico, pela primeira vez, em posição de determinar a sua própria estratégia operacional.

Sir Douglas Haig, com alguma razão, via que o resultado da guerra estava nos seus ombros e nos exércitos do Império Britânico sob o seu comando. Ele tinha poucas expectativas de que os americanos chegariam a tempo, e em número suficiente, para impedir o desastre. Na sua opinião, a única esperança de vitória era continuar a pressão trituradora

O front ocidental: o campo de batalha de Passchendaele.

sobre o povo alemão pelo desgaste de seu exército. Isso seria feito em Flandres, nos antigos campos de batalha em torno de Ypres, onde o Exército britânico podia lutar sem o estorvo de seus aliados, e onde um avanço substancial podia capturar os portos belgas usados pelos submarinos como suas bases de vanguarda – uma ideia endossada, com bastante naturalidade, pela Marinha Real. Tal avanço, acreditava Haig, podia ser conseguido por meio de uma série de ataques efetivados tão rapidamente um após o outro que os alemães não teriam tempo de se recuperar. Lloyd George, temendo uma repetição do holocausto do Somme, era manifestamente cético sobre os planos, mas, depois de seu julgamento errôneo do caso Nivelle, não se sentia em posição de vetá-los. Na verdade, um ataque preliminar lançado no início de junho contra a cordilheira Messines, ao sul de Ypres, com objetivos limitados, surpresa total e apoio maciço de artilharia (3,5 milhões de bombas foram disparadas e a linha de frente alemã foi destruída por meio milhão de quilogramas de minas com alto poder explosivo), foi um dos maiores sucessos táticos da guerra. Mas, quando começou o principal ataque no final de julho, ele se deparou com todos os problemas que tinham atormentado a campanha no Somme. A barragem preliminar (4,3 milhões de bombas) havia acabado com toda a surpresa; os seus cronogramas elaborados foram rompidos como de costume pelo atrito da guerra; a resistência inimiga era mais densa e tinha mais determinação do que se tinha esperado; e as chuvas fortes ajudavam os canhões de ambos os lados a revolver o campo de batalha e transformá-lo numa lama intransitável.

Ainda assim, Haig continuava a combater, obtendo sucessos limitados a um custo enorme, até que no início de novembro tropas canadenses tomaram a cadeia de montanhas de Passchendaele, em referência à qual a batalha veio a ser nomeada. A essa altura os britânicos tinham perdido mais 240 mil homens, setenta mil dos quais estavam mortos. As perdas alemãs totalizavam cerca de duzentos mil. Os críticos de Haig levam em conta os primeiros números; os seus defensores, os últimos. Se consideramos o efeito dessa pressão sobre o próprio povo alemão, devemos dizer que seus defensores têm um argumento mais forte do que em geral se tem admitido. Mas o preço estava se tornando insuportavelmente alto.

Os críticos de Haig receberam mais munição quando, em 20 de novembro, ele lançou um segundo ataque, em Cambrai. Parte de seu objetivo era tentar numa grande escala as novas técnicas que estavam em desenvolvimento dentro do Exército britânico: uma cooperação próxima entre as três armas da infantaria, tanques e artilharia. A surpresa foi completa; as defesas alemãs foram derrubadas numa penetração de quase sete quilômetros, e na Inglaterra os sinos das igrejas tocaram para celebrar a vitória. Uma celebração prematura. Dez dias mais tarde, os alemães contra-atacaram e retomaram todo o terreno que tinham perdido. Como resultado, Haig perdeu o último vestígio de crédito com seus senhores políticos, e Lloyd George assumiu o controle estratégico da guerra.

Caporetto

As perdas no Somme em 1916 tinham deixado Lloyd George profundamente cético sobre a sensatez de continuar a atacar no front ocidental, e durante todo o ano de 1917 ele insistiu que o Alto-Comando desviasse sua atenção para outro lugar. Dois teatros pareciam mais promissores: a Itália e o Oriente Médio.

O front italiano estivera ativo durante todo o ano de 1916. Para os austríacos, como vimos, a Itália sempre fora o adversário preferido. Em maio, contra o conselho de seus aliados alemães, que não viam vantagem estratégica na ação, Conrad lançou uma ofensiva de grande vulto pelas montanhas do Trentino. Depois de um sucesso inicial, o avanço tinha retardado o passo até se deter de todo. Reconhecidamente, Conrad podia afirmar ter conquistado uma grande vitória – os italianos perderam cerca de 286 mil homens, 45 mil deles prisioneiros de guerra –, mas a sua principal consequência estratégica fora reduzir os recursos disponíveis aos austríacos, quando Brusilov atacou no mês seguinte. Nesse meio-tempo, os principais exércitos italianos sob as ordens do general Luigi Cadorna assaltaram as fortes defesas austríacas seis quilômetros e meio mais a leste sobre o rio Isonzo. Continuaram a atacar até novembro numa prolongada batalha de atrito sobre o platô pedregoso do Carso, ao norte de Trieste, que foi retomada na primavera seguinte. Em agosto de 1917, Cadorna tinha perdido mais de duzentos mil homens no mais sangrento dos campos de batalha, e tanto o Exército italiano como o austríaco tinham atingido o seu limite. Mas Ludendorff, tendo liquidado os russos, podia então fornecer recursos para ajudar seu aliado, e enviou sete divisões para dar reforço aos austríacos em Isonzo. Usando todas as técnicas de artilharia e infantaria que tinham aperfeiçoado no front oriental, os alemães estraçalharam as defesas italianas em Caporetto em 25 de outubro, fazendo trinta mil prisioneiros. O front italiano entrou em colapso, e só tornou a se formar duas semanas mais tarde, 110 quilômetros para trás, ao longo do Piave, com a perda de 275 mil prisioneiros, 2.500 canhões e imensas quantidades de munições. Além disso, cerca de meio milhão de desertores italianos tinha sumido na paisagem.

Para Lloyd George, o colapso do Exército italiano foi providencial. Haig recebeu ordens sumárias para mandar cinco divisões do front ocidental, as quais levaram efetivamente a cabo a sua ofensiva que, junto com seis divisões francesas, conseguiu restaurar a estabilidade no teatro italiano. Mais importante, Lloyd George aproveitou a oportunidade de uma conferência dos Aliados em Rapallo, em 5 de novembro, para colaborar com o novo primeiro-ministro, Georges Clemenceau (um homem que lhe agradava muito, alguém que tinha ainda menos tempo para os generais), na criação de um Conselho Supremo de Guerra dos Aliados, composto dos líderes políticos dos Aliados e de seus conselheiros militares, o qual ficaria encarregado de traçar a política militar, distribuir as forças nos vários teatros e, muito importante, organizar e alocar os suprimentos militares. Tanto Haig como Pétain ressentiram intensamente essa usurpação de sua autoridade, mas o seu poder tinha sido quebrado. A independência de Haig ainda foi mais enfraquecida pela substituição de seus oficiais auxiliares seniores e pela remoção de seu maior aliado em Whitehall, o chefe do Estado-Maior imperial Sir William Robertson, em favor do próprio protegido de Lloyd George, o general Sir Henry Wilson. Tanto na França como na Grã-Bretanha o controle civil da estratégia estava então completo.

No mês seguinte à criação do Conselho Supremo de Guerra, Lloyd George recebeu notícias ainda melhores. Em 11 de dezembro, um Exército britânico entrou em Jerusalém.

O Oriente Médio

Os turcos tinham se revelado aliados vigorosos das Potências Centrais. Os seus exércitos consistiam em camponeses robustos, ainda que em grande parte analfabetos, cuja falta de equipamento moderno era compensada por sua coragem obstinada e pela liderança de jovens oficiais enérgicos, aconselhados e auxiliados por especialistas alemães. O seu front principal era o Cáucaso, onde tinham sofrido muito – primeiro pela repulsa de seu ataque imprudente no inverno de 1914-1915, depois por uma ofensiva russa sob a liderança hábil do general Nikolai Yudenich no verão de 1916. Foi ao longo dessa campanha que o governo turco pôs em execução um programa de deportações e massacres em massa da população armênia nativa, com uma selvageria que beirou o genocídio.

Ao mesmo tempo, as tropas do Império Britânico tinham invadido o território turco – não só vindo do Egito, mas da base que tinham estabelecido em novembro de 1914 em Basra, na ponta do Golfo Pérsico, para assegurar as instalações de petróleo e encorajar a revolta local. A partir desse ponto, eles tinham avançado pelos vales do Tigre e do Eufrates em 1915, primeiro para salvaguardar a sua base, mas por fim na esperança de tomar Bagdá. Administrativamente, a expedição foi um desastre, tendo as suas unidades, em grande parte indianas, sofrido baixas colossais por doença. Tornou-se uma catástrofe militar em abril de 1916 quando, depois de um sítio que durou quase cinco meses, uma força britânica foi compelida a se render em Kut-el-Amara, 130 quilômetros aquém de Bagdá. Dos dez mil prisioneiros capturados, quatro mil morreram no cativeiro – um destino não partilhado pelo seu comandante, o general de divisão Charles Townsend, que desfrutou um nível de hospitalidade nas mãos de seus captores que provocou comentários muito desfavoráveis. Foi então montada uma expedição mais forte em dezembro, a qual retomou Kut e no mês de março seguinte ocupou Bagdá.

O Egito era uma *place d'armes* britânica que só perdia em importância para o Reino Unido, por defender como defendia a linha de comunicações imperiais através do Canal de Suez. Depois do rechaço em Dardanelos, a guarnição defendeu o canal com sucesso contra um ataque turco loucamente ambicioso pelo deserto do Sinai em julho de 1916. Os próprios britânicos então avançaram pelo deserto até a fronteira da Palestina – um avanço só tornado possível pelo tipo de planejamento logístico meticuloso que se transformaria na marca registrada das operações militares britânicas nas duas guerras mundiais. Em março de 1917, depois de várias tentativas fracassadas de romper as linhas turcas em Gaza, um novo comandante britânico foi enviado na pessoa do general Sir Edmund Allenby. Ele tinha comandado um exército no front ocidental sem um sucesso evidente, mas mostrou ser um mestre na guerra móvel então viável na Palestina, usando unidades de cavalaria de um modo impossível no front ocidental junto com aeroplanos que atuavam em cooperação estreita com as forças de terra. O opositor alemão de Allenby era ninguém menos que Erich von Falkenhayn, então exilado pelos seus inimigos para bem longe do centro do poder; mas, apesar de toda a sua habilidade, Falkenhayn pouco podia fazer com forças então muito inferiores em número e equipamento às britânicas. No final de outubro, Allenby tomou a ofensiva, varreu os turcos de Gaza e seguiu pressionando rumo a Jerusalém para dar ao povo britânico, como Lloyd George havia pedido, um "presente de Natal" – um presente que era ainda mais bem-vindo depois dos quatro meses de horror na campanha de Passchendaele.

No mês de setembro seguinte – 1918 –, Allenby completaria a conquista da Palestina com a vitória arrebatadora de Megiddo – uma batalha na qual, pela última vez na história militar ocidental, as tropas de cavalaria desempenharam o papel principal. Pressionando para o norte, as suas tropas tinham devastado a Síria no final de outubro, e os turcos imploraram um armistício. No seu avanço pela costa, o flanco de Allenby por terra era protegido, e as comunicações ferroviárias turcas eram sabotadas por forças árabes amistosas recrutadas e lideradas por um jovem arqueólogo, o coronel T. E. Lawrence. As façanhas de Lawrence foram uma parte marginal de uma campanha marginal, mas lhe granjeariam uma reputação que brilhou ainda com mais força contra o pano de fundo lúgubre do front ocidental.

As vitórias de Allenby estabeleceriam uma breve hegemonia britânica no Oriente Médio. Entre outras coisas, tornaram possível o cumprimento da promessa, feita em novembro de 1917 pelo secretário das Relações Exteriores britânico, Arthur Balfour, de criar "um Lar Nacional para o Povo Judeu" na Palestina. Infelizmente, a promessa foi feita sem consultar a população nativa ou qualquer um dos potentados árabes aos quais o território havia sido prometido em troca de apoio militar. Eles tampouco foram consultados sobre um acordo estabelecido em 1916 pelos funcionários do Ministério das Relações Exteriores com seus pares franceses ("o Acordo Sykes-Picot"), para dividir a região em duas esferas de influência. A tentativa de conciliar todas essas obrigações inconciliáveis manteria os funcionários britânicos ocupados, e a região em tumulto, até a Segunda Guerra Mundial, criando problemas angustiantes que no início do século XXI permanecem sem solução.

Capítulo 8

1918: O ano da decisão

Os temores dos Aliados em janeiro de 1918

As vitórias de Allenby foram muito boas, mas no final de 1917 as perspectivas para os Aliados ainda eram sombrias. Com relação aos créditos, a guerra submarina tinha sido vencida, e os suprimentos americanos podiam cruzar o Atlântico quase sem interrupção. Entretanto, os Aliados não precisavam só de suprimentos, mas, ainda com mais urgência, de homens, e estes os americanos tardavam a fornecer. Quando os Estados Unidos entraram na guerra, em abril, o seu exército consistia em seis mil oficiais e cem mil homens. O general John J. Pershing recebeu ordens para levar a Primeira Divisão dos Estados Unidos para a França, porém mesmo essa unidade só existia no papel. Fizeram-se planos para expandir o exército para 24 divisões, cerca de um milhão de homens, até o verão de 1918, mas parecia duvidoso que os Aliados pudessem sobreviver por tão longo tempo. Se conseguissem, as suas preocupações estariam findas. Em 1919, a sua superioridade tanto em homens como em material seria enorme, e os oficiais do Estado-Maior dos Aliados começaram a planejar uma grande ofensiva para aquele ano. Mas, nesse meio-tempo, o pesadelo que os havia assombrado nos últimos três anos tornou-se realidade. A Rússia foi eliminada da guerra, deixando Ludendorff livre para concentrar todos os seus recursos contra o front ocidental.

A derrota da Rússia teve igualmente implicações alarmantes para o Império Britânico. A Turquia já não tinha de defender as suas fronteiras caucasianas, e isso a deixava livre para expandir-se em direção ao leste e estabelecer uma hegemonia panturaniana que se estenderia até as fronteiras da Índia – uma hegemonia reforçada pelo poderio militar alemão e inspirada por uma *jihad* que podia solapar o domínio já precário da Grã-Bretanha sobre o subcontinente indiano. Não surpreende que o representante militar americano no

Conselho Supremo de Guerra dos Aliados tivesse escrito para casa em fevereiro de 1918: “Duvido que pudesse deixar claro para qualquer pessoa não presente à última reunião[...] o medo e a ansiedade que impregnam as mentes dos políticos e militares por aqui”.

Temores alemães em janeiro de 1918

Mas se os Aliados se sentiam apreensivos, os alemães estavam desesperados. Os russos estavam certamente fora da guerra. Em Brest-Litovsk, o seu representante, Leon Trótski, primeiro se recusou a aceitar as condições, que envolviam o abandono completo de suas terras bálticas e polonesas para o controle alemão ou austríaco; mas também se recusava a fazer a paz, esperando que revoluções irrompessem em Berlim e em Viena a tempo de torná-la desnecessária. Essas revoluções realmente acabariam por acontecer, mas ainda não estava na hora. Assim os exércitos alemães simplesmente avançaram sem oposição, não só entrando na Finlândia e na Rússia ocidental, mas penetrando fundo na Ucrânia até chegar ao Cáucaso e à Crimeia. Quando Lênin finalmente se rendeu, em março de 1918, foi sob condições que implicavam ceder um território que continha noventa por cento dos recursos de carvão da Rússia, cinquenta por cento de sua indústria pesada e trinta por cento de sua população, bem como um pagamento de seis bilhões de marcos em “reparações”. Em maio, a Alemanha arrumou as suas conquistas orientais por meio do Tratado de Bucareste, pelo qual a Romênia abria mão do controle de sua produção de petróleo e dos grãos excedentes, além de aceitar uma ocupação militar por tempo indefinido. Não importa o que acontecesse no Ocidente, os alemães tinham adquirido um vasto império oriental, autossuficiente e aparentemente inexpugnável.

Mas não era tanto uma ameaça do Ocidente o que então preocupava o Alto-Comando alemão. Ainda mais alarmante era o que acontecia dentro da própria Alemanha.

Em 1917, como vimos, o exército assumira o controle da economia alemã. Mas ainda não controlava o *Reichstag*, e o *Reichstag* controlava as despesas com seu poder de votar ou negar créditos de guerra – os fundos sem os quais a guerra não podia ser travada. Por três anos o patriotismo mantivera unido o *Reichstag*, e mesmo todo o país, à exceção de uma pequena minoria de dissidentes socialistas. Mas no inverno de 1917 essa unidade estava se tornando muito precária. Fora precariamente preservada durante a primeira metade daquele ano pela esperança de sucesso na ofensiva submarina, mas no final do verão era claro que não se deveria esperar nenhum êxito. A nação tinha aguentado quatro invernos de guerra, e a perspectiva de um quinto parecia insuportável. Brigas em filas do pão estavam se transformando em tumultos, e os tumultos em greves de grande monta. Em agosto de 1917, as tripulações de embarcações navais em Wilhelmshaven, entediadas e famintas, explodiram num motim manifesto. Em janeiro de 1918, greves importantes e prolongadas irromperam em Kiel e Berlim, e a lei marcial teve de ser declarada em Hamburgo e Brandenburgo. O exemplo russo estava se revelando gravemente infeccioso, e as dificuldades econômicas afiavam o gume da intumescida demanda de paz.

Essa demanda era alimentada não só pela penúria, mas pela ideologia política. Fora destruído o despótico Império Czarista que os liberais e socialistas alemães sempre haviam considerado seu inimigo natural, e o novo regime social-democrata na Rússia parecia um aliado natural. O advento dos Estados Unidos completara a unidade das potências democráticas contra uma Alemanha cujas ambições hegemônicas e brutal condução da guerra os liberais e socialistas alemães achavam cada vez mais difícil defender. Numa conferência da Internacional Socialista em Estocolmo em junho de 1917, os delegados alemães foram forçados a reconhecer o seu isolamento e impopularidade. Em grande parte por causa disso, o *Reichstag* aprovou uma Resolução de Paz em 19 de julho por 212 votos a 126, que exigia "uma paz de compreensão e uma reconciliação permanente dos povos sem incorporação de território à força e sem medidas políticas, econômicas ou financeiras de coerção". Ao mesmo tempo, dava voz a demandas de reformas de vulto no sistema eleitoral arcaico da Prússia e, o pior de tudo, solicitava que as próprias forças armadas fossem colocadas sob o seu controle.

Fila de comida em Berlim, inverno de 1917.

O Alto-Comando tinha contado com o chanceler, Bethmann Hollweg, para manter o *Reichstag* em ordem. Agora que ele tinha fracassado, compeliam o Kaiser a exigir a sua renúncia. O seu sucessor, um burocrata maleável, Georg Michaelis, concordou em aceitar a Resolução de Paz "assim como a compreendo", de modo que os créditos de guerra foram aprovados. Mas claro que seria preciso algo mais para combater a propaganda de paz da esquerda. Em setembro, o Alto-Comando patrocinou o lançamento de um novo "Partido da Pátria" para fazer campanha contra a reforma constitucional e apoiar uma paz anexionista. As condições dessa última foram estabelecidas no Programa Kreuznach de 9 de agosto. No leste, a Alemanha anexaria imediatamente todas as terras já ocupadas pelos seus exércitos – Courland, Lituânia e as províncias orientais da Polônia. No oeste, ela conservaria a

Bélgica e Luxemburgo e ganharia as regiões francesas de Longwy e Briey. O objetivo, como Hindenburg e Ludendorff explicaram ao Kaiser, era "um tal fortalecimento do povo alemão, e um tal melhoramento de nossas fronteiras, que por muito tempo os nossos inimigos não ousariam iniciar outra guerra". O Partido da Pátria era generosamente financiado por industrialistas da Renânia, mas não era uma mera fachada para as classes governantes. Em um ano já tinha 1,25 milhão de membros – defensavelmente, o primeiro movimento de direita genuinamente populista do século XX, e um arauto de mais movimentos desse tipo no futuro.

Assim a natureza da paz não determinaria somente a posição da Alemanha na Europa, mas o tipo de país que ela viria a ser. Aos olhos do Alto-Comando e de seus seguidores civis, ceder às demandas do *Reichstag* em favor de uma paz sem anexações ou indenizações seria efetivamente perder a guerra – uma guerra que já não era simplesmente contra os inimigos externos da Alemanha, mas contra todas as forças internas aparentemente inclinadas a destruir os valores alemães tradicionais. Na visão de Ludendorff, a única maneira pela qual essas forças poderiam ser arrasadas antes que o front doméstico desmoronasse de todo – e antes que os austríacos ainda mais desesperados desertassem – era a vitória no front ocidental, conquistada por um golpe tão esmagador que os Aliados perderiam a coragem e seriam forçados a aceitar os planos alemães de paz. Essa seria verdadeiramente a "última cartada" da Alemanha.

A ofensiva Ludendorff, março de 1918

Ludendorff começara a planejar essa vitória em novembro de 1917. No papel, ele tinha então tropas mais do que suficientes para estraçalhar o front ocidental, como os Aliados sabiam muito bem. A necessidade de preservar a ordem entre as condições caóticas das novas e imensas conquistas ainda mantinha o grosso das forças alemãs no leste, mas ele conseguiu transferir 44 divisões para o oeste, elevando o seu total nessa região para 199 divisões em março de 1918. Contra essas divisões, os franceses dispunham de cerca de cem, algumas de qualidade muito duvidosa, e os britânicos 58, cuja força, como as autoridades militares queixavam-se mais tarde, era ainda mais reduzida pela política de Lloyd George de manter as reservas de primeira linha no Reino Unido, para que Haig não pudesse usá-las em quaisquer outras ofensivas. Pois até então os americanos não haviam fornecido nenhuma.

O primeiro golpe foi desferido contra os britânicos – uma carga inicial contra a parte sul de sua linha a leste de Amiens, para atrair as suas reservas do norte, onde um segundo golpe abriria uma brecha, assim se esperava, para os portos do Canal da Mancha. Julgando que a sua ala esquerda era o front decisivo, Haig havia enfraquecido deliberadamente a sua direita; assim, quando os alemães atacaram ali em 21 de março de 1918, foi com uma superioridade numérica esmagadora, cerca de 52 divisões contra 26. Mas não era só a quantidade de combatentes o que importava. Os alemães empregavam então técnicas que acabaram por fim com o impasse da guerra de trincheiras, que havia imobilizado o front ocidental nos últimos três anos.

As técnicas não eram novas. Um bombardeio de artilharia, breve mas violento, penetrando fundo sem programação prévia, dirigido contra os centros de comunicação e comando, bem como contra as tropas da linha de frente, e fazendo uso abundante de gás e fumaça, já havia sido usado tanto pelos britânicos em Cambrai como pelos próprios alemães em Caporetto. Mas fora aperfeiçoado no front oriental, especialmente no assalto a Riga, pelo general Oskar von Hutier e seu comandante de artilharia coronel Georg Bruchmuller, que agora liderava o ataque alemão no oeste. O volume do bombardeio é que era inédito: 6.500 canhões disparavam sobre um front de 64 quilômetros, destruindo todas as comunicações por trás das linhas e saturando a linha de frente de gás e altos explosivos. Depois, "tropas de choque" – unidades de assalto especializadas carregando o seu próprio poder de fogo na forma de canhões leves sobre trenós, metralhadoras leves, granadas, morteiros e lança-chamas – encabeçavam o principal ataque da infantaria, destruindo pontos fortes inimigos onde fosse possível e impedindo sua operação quando não os podiam eliminar. As unidades de infantaria seguintes derramavam-se dentro das lacunas que os primeiros tinham aberto, sendo acrescentados reservas para tirar o máximo proveito do sucesso da operação, que um comentarista britânico, Liddell Hart, descreveria mais tarde como uma "torrente em expansão". A combinação revelou-se devastadora contra as tropas britânicas que mal tinham começado a preparar as defesas profundas necessárias para se opor ao ataque, ou até a considerar a necessidade de tais medidas. Uma neblina densa na manhã de 21 de março ajudou a abertura da brecha pelos alemães. Em quatro dias, eles tinham cravado uma cunha de 64 quilômetros dentro das posições britânicas e ameaçavam romper completamente as linhas dos Aliados.

O ataque foi muito mais bem-sucedido do que o próprio Ludendorff havia esperado. Ameaçava agora separar os exércitos britânicos dos franceses. Se isso acontecesse, os britânicos teriam de recuar para o norte ao longo de suas linhas de comunicação até os portos do Canal da Mancha, enquanto os franceses se retirariam para o sul a fim de dar cobertura a Paris, deixando o caminho desimpedido para os alemães avançarem até a costa – como realmente fizeram 22 anos mais tarde. Tudo dependia de os exércitos franceses e britânicos manterem contato. Até então Haig e Pétain haviam resistido às tentativas do Conselho Supremo de Guerra de impor um comando interaliado sobre as suas cabeças, e recusavam-se a colocar reservas à disposição do Conselho, o que o tornaria capaz de influenciar o curso das operações. A cooperação mútua, argumentavam, resolveria qualquer problema que pudesse surgir. Mas não resolvia. Quando Haig pediu ajuda, Pétain recusou-se a fornecê-la por medo de deixar Paris sem cobertura. Haig engoliu o seu orgulho e apelou a seus superiores políticos. Realizou-se uma conferência interaliada em Doullens, perto de Amiens, em 26 de março. Ali a posição resoluta adotada por Foch, então o chefe do Estado-Maior francês, impressionou Haig a ponto de fazê-lo aceitar a autoridade de Foch para "coordenar" os exércitos aliados – uma autoridade ampliada uma semana mais tarde para "a condução das operações". Durante o resto da guerra, os Aliados combateriam sob um único comando global.

Nesse meio-tempo, o avanço alemão diminuía a marcha tendendo a parar. As suas comunicações eram exageradamente extensas; a artilharia não podia acompanhar o ritmo do avanço da infantaria, e o progresso se tornava mais difícil pelas terras devastadas dos campos de batalha do Somme, sobre os quais a infantaria tinha então de avançar. Os depósitos capturados dos Aliados sem dúvida forneciam provisões em enormes quantidades, mas era infelizmente demasiado tentador para as tropas alemãs exaustas e famintas fazer uma pausa e desfrutá-los. Ludendorff interrompeu a operação em 5 de abril e voltou-se para o ataque ao norte, como Haig tinha esperado. Esse foi desencadeado em 9 de abril, depois do costumeiro bombardeio de Bruchmuller, no vale do Lys, ao sul da fortificação de Ypres. Em poucos dias, os alemães tinham recuperado todo o terreno a oeste de Ypres, cuja conquista custara aos britânicos três meses e quatrocentas mil baixas no outono anterior. As tropas britânicas estavam a essa altura tão esgarçadas que Haig, em geral mudo, achou necessário emitir uma dramática Ordem do Dia: "Encurralados, e acreditando na justiça de nossa causa, cada um deve continuar lutando até o fim. A segurança de nossos lares e a liberdade da humanidade dependem da conduta de cada um de nós neste momento crítico". Isso foi bem aceito na imprensa, embora sua recepção pelas tropas fosse mais irreverente. Mas continuaram a lutar. A linha se manteve íntegra, e em 30 de abril Ludendorff interrompeu o ataque. Desde 21 de março, ele já tinha perdido cerca de 350 mil homens, os Aliados apenas um pouco menos; mas os Aliados é que mostraram ter mais recursos, e, com as tropas americanas derramando-se pela França num ritmo de trezentos mil por mês, os recursos eram então virtualmente inesgotáveis.

Ludendorff voltou-se então para os franceses. O setor que escolheu para o seu ataque foi o Aisne, onde Nivelle tinha lançado a sua desastrosa ofensiva um ano antes. Em 27 de maio, os alemães usaram as suas técnicas já familiares – os canhões de Bruchmuller dispararam dois milhões de projéteis em quatro horas e meia – para esmagar o Décimo Sexto Exército francês, cujos comandantes ainda desdenhavam a defesa em profundidade, preferindo defender cada centímetro de seu território. Fizeram cinquenta mil prisioneiros e penetraram 48 quilômetros para tomar Soisssons. A sua artilharia de longo alcance começou a bombardear a própria Paris, onde o governo mais uma vez preparou, como já tinha feito em setembro de 1914, a sua mudança para Bordeaux. Mas, durante o ataque, os próprios alemães perderam outros 130 mil homens, e, o mais importante, alguns deles foram mortos por americanos.

Os americanos entram na linha

Ludendorff tem sido criticado, tanto pelos seus conterrâneos como pelos seus inimigos, pelo seu fracasso em estabelecer um objetivo principal para a sua ofensiva e perseverar nessa meta. Porém, mesmo que tivesse capturado os portos do Canal da Mancha, a guerra teria continuado, como aconteceu em 1940. Mesmo que tivesse tomado Paris, os americanos e os britânicos teriam continuado a lutar. O objetivo de Ludendorff, semelhante àquele de Falkenhayn dois anos antes, era menos destruir os exércitos dos Aliados do que destruir a vontade dos governos dos Aliados de perseverar na guerra e obrigá-los a aceitar uma paz de compromisso. Ele poderia ter obtido sucesso com os franceses. Em mais um ano, esse desfecho teria sido possível até com os britânicos. Mas estava fora de questão com os Estados Unidos.

No início de 1918, já havia um milhão de tropas americanas na França, embora ainda não estivessem organizadas em formações de combate. Desde o início, Pershing insistia que deveriam operar como um exército distinto. A ele coubera o front na extrema direita da linha dos Aliados, no teatro ainda inativo da Lorena. Mas, embora os Estados Unidos tivessem condições de mobilizar homens com uma velocidade espantosa – a conscrição foi introduzida em maio de 1917 –, levava mais tempo instrumentar as suas indústrias para providenciar armas pesadas. Até o fim da guerra, o seu exército dependia dos Aliados europeus para obter tanques, aeroplanos e – o mais importante de tudo – canhões e munição de artilharia. Sendo assim, e dada a falta de experiência de combate dos americanos, parecia lógico aos franceses e

Marechal Foch e general Pershing.

britânicos que essas unidades americanas inexperientes fossem, ao menos no início, amalgamadas com suas forças mais experimentadas para aprender o seu ofício. Isso Pershing, sob a orientação do presidente Wilson, compreensivelmente recusou. Entretanto, permitiu que as divisões americanas, uma vez formadas, servissem sob comando francês. A Primeira Divisão teve o seu batismo de sangue em Cantigny em 28 de maio – uma data importante na história militar americana – e mais duas divisões ajudaram a fechar a linha francesa em Château-Tierry, quando o ataque alemão penetrou até esse ponto no início de junho. A bravura da inexperiência causou perdas pesadas – mais de dez mil mortos ou feridos –, mas eles aprenderam rápido; e a própria presença desses rapazes altos, animados e bem nutridos do Meio-Oeste, com seu otimismo ilimitado, convenceu seus cansados aliados de que a guerra já não podia ser perdida. Mais importante, convenceu seus adversários ainda mais cansados de que ela já não podia ser vencida.

Ludendorff planejou um golpe final contra os britânicos no norte, mas, depois de um mês de indecisão, decidiu lançar primeiro um golpe mais violento e, assim esperava, final contra os franceses – um *Friedenssturm*, como ele o chamava, em benefício de suas tropas exaustas, um golpe pela paz. O golpe foi desferido em 16 de julho em Reims, na beirada leste da fortificação que os alemães tinham então impelido para o sul até o Marne. Mas desta vez os franceses estavam preparados. Os desertores alemães – o seu próprio número era um indicador da desmoralização alemã – haviam alertado sobre o ataque, e os franceses conseguiram evitar o bombardeio alemão com uma barragem própria. Haviam também aprendido por fim a lição da defesa flexível. Deixaram os alemães bombardearem e ocuparem uma linha da frente vazia, à exceção de arame farpado, minas e uns poucos postos de metralhadora, antes de dizimá-los com uma contrabarragem e disparos a partir dos flancos. Dois dias mais tarde, o impetuoso general Mangin lançou um contra-ataque contra o flanco ocidental da fortificação com um exército que então incluía divisões americanas. Em 5 de agosto, uma força combinada de franceses, americanos e britânicos havia reconquistado toda a fortificação e capturado trinta mil prisioneiros. Ludendorff cancelou as ordens de um ataque final que estava planejando no norte. Ele tinha finalmente jogado a última cartada.

O contra-ataque dos Aliados, julho de 1918

Foi então a vez de os Aliados tomarem a ofensiva, e em 26 de julho Foch deu ordens para um avanço geral em todas as frentes. Foch não era grande estrategista, mas encarnava a máxima napoleônica de que na guerra as forças morais estão para as físicas numa proporção de três para um. O seu entusiasmo contagioso contribuíra muito para deter o avanço alemão na batalha do Marne em 1914. Desde então a sua determinação de atacar em qualquer circunstância fora muitas vezes desastrosa, mas naquele momento os exércitos dos Aliados possuíam os números e, mais importante, as habilidades para tornar o ataque eficaz. Pershing tinha então 42 divisões americanas à sua disposição, cada uma o dobro do tamanho de sua equivalente europeia, e foi capaz de reagrupá-las num único exército – mais tarde dividido em dois – no lado direito da linha dos Aliados. Ao atacar para o norte através da floresta de Argonne, ele ameaçava a principal linha ferroviária lateral, de Metz à Antuérpia, que supria os exércitos alemães. No lado esquerdo da linha, os britânicos lançariam um ataque convergente, enquanto os exércitos franceses, revigorados por dois generais guerreiros, Mangin e Gouraud, mantinham a pressão no centro. Como levaria algum tempo para os americanos rearranjarem as tropas em formação de combate, e para os franceses se recuperarem das grandes batalhas de junho e julho, coube aos britânicos lançar o primeiro golpe, a leste de Amiens, em 8 de agosto.

Considerando o meio milhão e tanto de perdas que tinha sofrido desde o início da guerra, o Exército britânico conseguira uma recuperação extraordinária, e de ninguém se podia fazer essa afirmação com mais propriedade que do próprio Haig. O espírito guerreiro de Haig, como o de Foch, tivera frequentemente consequências desastrosas, mas agora, como acontecera com Foch, chegara a sua hora. As suas inúmeras profecias da iminência do colapso alemão estavam por fim se tornando realidade, e, ao contrário da maioria de seus colegas que planejavam uma campanha para 1919, ele acreditava que a guerra podia ser vencida no fim do ano. Aceitava com entusiasmo a orientação de Foch vinda de cima, e, guiado pela sua equipe renovada de oficiais, escutava e punha em ação os novos conceitos táticos que estavam sendo desenvolvidos embaixo. As suas unidades australianas e canadenses tinham se revelado os combatentes mais extraordinários no front ocidental, e, depois de muitas tentativas e erros, o Exército britânico havia aprendido a usar os seus tanques. Uma ação bem-sucedida de pequena escala em Hamel, em 4 de julho, mostrara ser um modelo de cooperação tanques-infantaria, e os mesmos métodos passaram então a ser usados numa escala muito maior. Combinadas com as técnicas de ligação entre a artilharia e a infantaria que os britânicos então dominavam, e com mais outra inovação, o emprego de aviões de ataque em voo baixo, essas táticas propiciavam uma combinação vencedora inimaginável – e impraticável – dois anos antes. Junto com o Exército francês no seu flanco direito, os britânicos penetraram onze quilômetros no primeiro dia de seu ataque e fizeram trinta mil prisioneiros. Foi a primeira derrota inequívoca e irreversível que os alemães sofreram em quatro anos de combate, e o próprio Ludendorff a descreveria sombriamente como "o Dia Negro" do Exército alemão.

Os alemães começaram então uma retirada combativa para a linha Hindenburg estabelecida no início de 1917. O seu moral ainda estava longe de estar destruído: quando chegaram à linha Hindenburg no início de setembro, haviam infligido aos britânicos mais 190 mil perdas e aos franceses outras cem mil perdas, e o Gabinete britânico estava mais uma vez ansioso. Ainda assim, em 3 de setembro, Foch deu ordens para uma nova ofensiva ao longo de toda a linha: *tout le monde à la bataille!* Pershing insistiu em testar primeiro o seu novo exército numa ofensiva limitada para destruir uma fortificação em St. Mihiel, no setor calmo da Lorena, uma batalha de dois dias que foi finalizada em 14 de setembro, e depois voltou-se para o norte a fim de se juntar à ofensiva geral em 26 de setembro. No dia seguinte, as forças britânicas e francesas assaltaram a linha Hindenburg principal, disparando uma barragem de quase um milhão de projéteis em 24 horas. Isso quebrou finalmente o ânimo de Ludendorff. Em 29 de setembro, ele informou ao Kaiser que já não havia perspectiva de vencer a guerra. Para evitar uma catástrofe, um armistício precisava ser firmado o mais rápido possível.

O colapso das potências centrais

Desde o início de agosto, o Exército alemão perdera mais 228 mil homens, metade deles por deserção. O seu Estado-Maior considerava menos de cinquenta divisões apropriadas para o combate. As tropas de base, afetadas pelas notícias cada vez mais sombrias que chegavam de casa e vulneráveis à propaganda comunista, tremiam à beira de explodir em greves, se não num motim. Mas ainda pior era a condição da Áustria-Hungria, com as propostas desesperadas que seu imperador fizera aos franceses em prol de condições de paz sendo cinicamente divulgadas por Clemenceau em abril de 1918. O seu exército – faminto, esfarrapado, desintegrando-se cada vez mais em seus elementos étnicos distintos – fora empurrado para uma ofensiva final na frente italiana em 15 de junho, só para ser repelido com a perda de 143 mil homens, 25 mil deles prisioneiros. Depois disso, as tropas começaram a desertar *en masse*. Aqueles que permaneceram estavam doentes e famintos, exatamente como as populações de Viena e outras cidades da monarquia. Em 16 de setembro, o imperador apelou publicamente ao presidente Wilson por um acordo de paz, e tentou impedir a desintegração étnica declarando que o Império Habsburgo era um estado federativo. Quando em 24 de outubro o Exército italiano, reforçado poderosamente pelas divisões francesas e britânicas, tomou finalmente a ofensiva, as forças austríacas se desintegraram depois de 48 horas, e o avanço dos Aliados mal conseguiu acompanhar a velocidade da sua retirada. Os italianos apenas tiveram tempo de lançar um último ataque independente a Vittorio Veneto e colher outra imensa safra de prisioneiros, antes que um armistício negociado dois dias antes entrasse em vigor em 4 de novembro.

Nesse meio-tempo, um front macedônico há muito inativo fora galvanizado pelo surgimento de um novo comandante dinâmico, o general Franchet d'Esperey. Em 15 de setembro, as tropas montanhesas francesas e sérvias atacaram com sucesso posições búlgaras até então inexpugnáveis. As forças gregas e britânicas juntaram-se ao ataque, e os búlgaros, sem o apoio alemão e austríaco, capitularam em 30 de setembro – a primeira das Potências Centrais a capitular. Os turcos foram os seguintes, um mês mais tarde, em 30 de outubro, eximindo-se assim de continuar a sua campanha no Cáucaso até 1919.

Na Alemanha, seis semanas se passariam antes que a decisão de Ludendorff de pedir um armistício tivesse algum resultado. Aos seus olhos, um armistício significava apenas isto – uma suspensão de operações no campo de batalha para tornar possível um reagrupamento de suas forças e negociações que conduzissem a um acordo de paz. Deve-se deixar claro, ele insistia, "que há uma determinação resoluta de continuar a guerra, se o inimigo não nos conceder a paz ou apenas uma paz desonrosa". Ele por fim aceitou que a Alemanha teria de ceder a Bélgica e até a Alsácia-Lorena, mas ainda esperava que os Aliados permitissem que ela mantivesse as suas conquistas no leste como um baluarte contra o "bolchevismo". Além disso, reconhecia que os Aliados tinham virtualmente se comprometido a não lidar com o regime existente em Berlim, assim fazia-se mister instalar um novo governo que assumiria a responsabilidade – e o ódio – de negociar as condições de paz. Em 3 de outubro, o Kaiser nomeou como chanceler o príncipe Max von Baden, um moderado sensato a quem o antigo embaixador americano em Berlim tinha descrito como "um dos poucos alemães poderosos que parece capaz de pensar como um ser humano", e ordenou que ele procurasse o presidente Wilson com o pedido de um armistício imediato. Quando Max se opôs, o Kaiser lhe informou bruscamente que "o Alto-Comando acha necessário, e você não foi chamado aqui com o intuito de criar dificuldades para o Alto-Comando". Obedientemente, no dia seguinte Max convidou o presidente Wilson, o mais acessível – ou o menos inacessível – dos inimigos da Alemanha, a tomar medidas para a restauração da paz "com base no programa moderado que ele havia apresentado em 8 de janeiro" – os Quatorze Pontos (ver Apêndice I).

Mas o Wilson de outubro já não era o Wilson de janeiro. Naquele momento, ele ainda podia se ver e ser visto como uma figura pairando acima da batalha. Não havia consultado ninguém sobre os Quatorze Pontos – e certamente não consultara os cobeligerantes que ele ainda não considerava "aliados". (Como não havia nenhuma aliança formal, os Estados Unidos se referiam a seus cobeligerantes apenas como "potências associadas".) Mas, desde a promulgação desses pontos, os alemães haviam mostrado a sua ideia de condições de paz com a imposição aos russos do Tratado de Brest-Litovsk. Mais importante, nos oito meses anteriores os Estados Unidos tinham se envolvido no conflito armado na França, quando muitos jovens americanos haviam sido mortos. Depois, em 12 de outubro, um submarino afundou um navio de passageiros, o *Leinster*, com a perda de várias centenas de vidas britânicas e americanas. O povo americano estava então nas garras de uma psicose de guerra ainda mais feroz que a de seus cansados parceiros europeus. Numa troca de notas com Berlim, Wilson deixou claro que já não era um benévolo *deus ex machina*, mas o líder de uma aliança vitoriosa e implacável. Declarou que "o único armistício que achava justificável submeter à consideração das partes beligerantes seria aquele que deixasse os Estados Unidos e as potências a ele associadas [*sic*] em posição de impor quaisquer arranjos que pudessem ser celebrados e tornar impossível um reinício de hostilidades por parte dos alemães". Além disso, exigia como condição para a negociação que a Alemanha se transformasse num estado constitucional, assegurando assim "em qualquer lugar a destruição de todo poder arbitrário que possa isoladamente, secretamente e por sua própria conta perturbar a paz do mundo; ou se não puder ser destruído no momento, ao menos que seja reduzido até uma virtual impotência".

Quando soube dessas condições, Ludendorff tentou interromper as negociações, mas os seus próprios generais não deixaram. "O moral das tropas tem sofrido gravemente", reportou um de seus comandantes do exército, o príncipe Rupprecht da Baviera, "e seu poder de resistência diminui dia a dia. Rendem-se em hordas sempre que o inimigo ataca, e milhares de saqueadores infestam os distritos em torno das bases... Aconteça o que acontecer, devemos fazer a paz, antes que o inimigo penetre na Alemanha." O governo em Berlim tinha um medo ainda mais imediato – o da revolução irromper na própria Alemanha. Max de Baden fez o possível para prevenir esse desenlace, aprovando às pressas em três semanas todas as reformas constitucionais a que o Kaiser e o exército tinham resistido no meio século anterior. Pelo final de outubro, o *Reichstag* viu-se como um corpo soberano, eleito em sufrágio universal pelo voto secreto, com todos os ministros do governo responsáveis perante o parlamento, inclusive o ministro da Guerra. Guilherme II, o Supremo Senhor da Guerra, viu-se reduzido ao status de um monarca constitucional tão impotente quanto o seu primo na Inglaterra. Assim estimulado, Max então exigiu a exoneração de Ludendorff, com o que o Kaiser concordou com uma mal dissimulada satisfação. Hindenburg permaneceu como uma figura de proa insubstituível, mas o lugar de Ludendorff foi ocupado pelo igualmente plebeu general Wilhelm Groener, que como chefe do *Oberstekriegsamt* estava muito familiarizado com os problemas sociais e econômicos do front doméstico.

Mas era tarde demais. O povo alemão vinha sofrendo privações cada vez maiores e nos últimos tempos quase intoleráveis, com a crença de que seus exércitos tinham sido e continuavam a ser vitoriosos por toda parte. Com a revelação de que estavam à beira do colapso, toda a confiança no regime desapareceu. Em 29 de outubro, algumas tripulações navais se amotinaram em vez de conduzirem seus navios num "Percurso da Morte", planejado por seus almirantes para salvar a honra da marinha. Numa semana, o motim havia se espalhado como revolução por todas as grandes cidades da Alemanha. Os Conselhos dos Trabalhadores e dos Soldados tomaram o poder segundo o modelo dos sovietes russos. A própria Baviera se declarou uma república independente. Os escalões da retaguarda do exército se amotinaram e tomaram as travessias sobre o Reno. Havia um rumor louco nos quartéis-generais sobre enviar o exército para casa e "restaurar a ordem", mas Groener sabia muito bem que o problema explodiria nas suas mãos. Compreendia que a revolução era inevitável, a menos que fossem preenchidas três condições. O Kaiser devia abdicar; o exército devia apoiar o partido da maioria no *Reichstag* – os social-democratas, as únicas pessoas capazes de controlar a tempestade política –, e a paz devia ser feita imediatamente, a qualquer custo.

Assim, em 9 de novembro, Groener informou o Kaiser de que ele já não dispunha da confiança do exército e mandou-o para o exílio na Holanda. Em Berlim, os líderes dos social-democratas, Philipp Scheidemann e Friedrich Ebert, proclamaram a república e receberam a garantia do apoio do exército contra qualquer revolução incipiente; e montou-se uma delegação atabalhoada para se encontrar com os líderes de guerra dos Aliados num vagão de trem na floresta perto de Compiègne a fim de pedir as suas condições de paz.

Essas condições, no que dizia respeito às operações em terra, foram ditadas na sua maior parte pelos franceses. Os britânicos, eles próprios ansiosos por terminar as hostilidades o mais rápido possível, teriam proposto condições mais suaves. Pershing, com dois exércitos pouco experientes ansiosos por entrar em ação e a opinião pública em casa clamando por uma "rendição incondicional", não teria concedido nada. Todo o território belga e francês devia ser evacuado em quatorze dias; os Aliados deviam ocupar todo o território alemão na Margem Esquerda do Reno e um cinturão de dez quilômetros na Margem Direita, junto com as cabeças de ponte em Mainz, Coblenz e Colônia. Todo o território conquistado na Europa Oriental desde 1914 devia ser cedido; grandes quantidades de material de guerra deviam ser entregues, inclusive a maior parte da frota e todos os submarinos; e o bloqueio dos Aliados continuaria até a assinatura final da paz. Os delegados alemães protestavam que o resultado seria a anarquia e a fome, com o que só os bolchevistas lucrariam, mas Foch como líder da delegação dos Aliados foi implacável. Os alemães não tinham outra alternativa senão assinar o que, com alguma razão, esperavam ser a sua sentença de morte. No caso de um delegado, Mathias Erzberger, certamente foi. Ele foi perseguido por extremistas da direita e assassinado dois anos mais tarde.

Assim, em 11 de novembro, às 11 horas da manhã, a undécima hora do undécimo dia do undécimo mês, os canhões no front ocidental por fim silenciaram, deixando ambos os lados a chorar os seus mortos.

Capítulo 9

O acordo

Os estadistas dos Aliados que se reuniram em Paris em janeiro de 1919 para firmar o acordo de paz estavam numa situação muito diferente de seus predecessores em Viena em 1814. Não tinham toda a liberdade de remodelar o mundo em conformidade com os princípios da ordem e justiça, ou da autodeterminação nacional, ou até mesmo do equilíbrio tradicional do poder. Eram responsáveis perante eleitorados ainda dominados pela febre de guerra, cujas paixões e preconceitos não podiam ser ignorados. Em todo caso, o caos crescente na Europa Central, na esteira do colapso dos impérios russo, austríaco e dos Hohenzollern, tornava duvidoso que existisse algum regime estável a leste do Reno com o qual a paz pudesse ser firmada.

Alemanha

A própria conferência girou em torno de um duelo tácito entre o presidente Wilson, que talvez imprudentemente compareceu em pessoa, e o premiê francês Georges Clemenceau. Cada um tinha uma agenda diferente. A de Wilson era criar uma nova ordem mundial sob os auspícios de uma Liga das Nações, tarefa a que se dedicou com todo o seu empenho, só para ver a sua obra destruída quando o Congresso dos Estados Unidos se recusou a participar da Liga nas condições que ele propunha. A de Clemenceau, com o apoio entusiástico de seus conterrâneos e inicialmente de seus aliados britânicos, era reconstruir a Europa de tal modo que a Alemanha nunca mais pudesse ameaçar a sua estabilidade. Como vimos, a França, com a sua população de apenas quarenta milhões, fazia face a uma Alemanha de 65 milhões de habitantes com um poder industrial e um potencial que a França jamais poderia igualar. O contrapeso em que a França se baseara antes de 1914, o Império Russo, tinha desaparecido, levando junto bilhões de francos em investimentos. Na visão francesa, portanto, tinha-se de fazer todo o possível para enfraquecer a Alemanha. No leste, devia-se tirar da Alemanha o máximo de território para construir novas nações num *cordon sanitaire* sob influência francesa, tanto para evitar os abusos do bolchevismo proveniente do leste como para tomar o lugar da Rússia como um instrumento capaz de refrear o poder alemão. No oeste, não só a Alsácia e a Lorena com seus minérios valiosos deviam ser restituídas à França, como a bacia do Saar, rica em carvão, devia lhe ser acrescentada. Além disso, a Renânia, o território alemão na margem esquerda do rio, devia ser completamente separada, se possível, da Alemanha, para constituir um estado ou um grupo de estados autônomo sob a proteção da França, uma área neutra destinada a guardar a fronteira francesa. Isso os britânicos não queriam aceitar, argumentando que um tal protetorado seria simplesmente uma Alsácia-Lorena ao avesso, uma causa de constante atrito. Eles só concordavam com a desmilitarização da margem esquerda do Reno e da margem direita numa profundidade de 64 quilômetros, com a presença militar dos Aliados pendente do pleno pagamento das reparações. A posse das jazidas de carvão do Saar passaria para a França, mas o território seria administrado pela Liga das Nações por quinze anos, quando o seu destino seria decidido por um plebiscito. Era um acordo razoável, a ser confirmado pelo Pacto de Locarno de 1924, um acordo que em si não tendia a provocar outra guerra.

As fronteiras orientais da Alemanha apresentavam um problema muito mais difícil. Um dos Quatorze Pontos de Wilson seria a restituição da independência para a Polônia, que desde o fim do século XVIII tinha sido dividida entre a Alemanha, a Rússia e o Império Austríaco. O núcleo da nova Polônia era o Grande Ducado de Varsóvia, de etnia predominantemente polonesa, mas reconhecido como parte do Império Russo desde 1814. Os russos não estavam em melhor posição para contestar essa independência, nem a de suas antigas províncias bálticas, a Finlândia, a Estônia, a Letônia e a Lituânia, do que estavam os austríacos para conservar suas terras polonesas na Galícia. Mas as regiões polonesas da Alemanha – a Alta Silésia, Posen e a Prússia

Ocidental – eram outra questão. Haviam sido densamente povoadas pelos alemães por gerações. Pior, à nova Polônia fora prometido o acesso ao mar, o que só podia ser viabilizado entregando-lhe o vale do baixo Vístula, cuja população era mista, e o porto de Danzig, que era quase inteiramente alemão. Isso implicava separar a Alemanha da Prússia Oriental, que era amplamente considerada o seu núcleo histórico. O acordo foi provavelmente a melhor medida possível sem a maciça "limpeza étnica" que ocorreria em 1945, mas os alemães nunca esconderam a sua intenção de revogá-lo na primeira oportunidade.

Além de aceitar essas perdas de território, requeria-se que a Alemanha se desarmasse, entregasse as suas colônias de ultramar e pagasse pesadas reparações a seus inimigos vitoriosos. O seu exército ficava reduzido a cem mil homens e privado de "armas ofensivas" como os tanques. O seu Estado-Maior, demonizado pela propaganda dos Aliados, seria dispersado; a sua força aérea, abolida; a sua construção naval, limitada a navios de menos de cem mil toneladas de deslocamento. Tudo isso, argumentavam os vencedores, "tornaria possível o início de uma limitação geral dos armamentos de todas as nações". Não foi o que aconteceu, e esse fracasso seria lembrado pelos alemães, quando denunciassem essas restrições e começassem a se rearmar, quinze anos mais tarde.

A Alemanha perdeu as suas colônias como um fato previsível, porém, os Aliados, sob a liderança de Wilson, tinham renunciado a "anexações", então as potências que as adquiriram (principalmente a Grã-Bretanha e seus domínios de ultramar) incorporaram-nas como "mandatos" em nome da Liga das Nações. Os Aliados haviam igualmente renunciado às "indenizações" que as potências derrotadas tinham em geral de pagar a seus conquistadores. Em vez disso, exigiam "reparação" pelos estragos infligidos a suas populações civis. Inicialmente, essa definição foi feita para ser aplicada às populações das áreas ocupadas e devastadas da França e da Bélgica, mas os franceses e britânicos rapidamente a estenderam para cobrir não só despesas de juros sobre os empréstimos de guerra e custos gerais de reconstrução, mas também pensões vitalícias para os soldados inválidos e para os órfãos e as viúvas dos mortos – uma soma tão imensa que nem podia ser calculada. A conferência de paz encaminhou toda a questão para uma Comissão de Reparações, que deveria apresentar o seu relatório em 1921. Nesse meio-tempo, os alemães tinham de se comprometer de antemão a aceitar os dados da Comissão e efetuar um pagamento antecipado de vinte milhões de marcos. Os Aliados manteriam as suas forças militares no Reno para impor o pagamento e ter o direito de reocupar o território alemão caso o pagamento deixasse de ser efetuado.

As plenas implicações dessas exigências seriam brilhantemente denunciadas por Maynard Keynes no seu discurso *As consequências econômicas da paz*. Elas seriam finalmente contornadas, mas não antes que os alemães pudessem culpá-las por todos os desastres econômicos que haveriam de arrasá-los. Porém, ainda mais inaceitável era a justificativa dada para impor reparações – a alegada responsabilidade alemã por causar a guerra em primeiro lugar. Os alemães ainda acreditavam, quase sem exceção, que a guerra lhes fora imposta pelos seus inimigos e que todos os seus sacrifícios nos últimos cinco anos tinham sido por uma causa nobre. Além disso, muitos sentiam que não haviam sido derrotados. Só haviam sido privados, argumentava-se, da vitória que lhes era devida, porque foram ludibriados pelos Aliados sobre as condições do armistício e "apunhalados pelas costas" pelos *Reichsfeinde*, os socialistas e os judeus, que haviam explorado as dificuldades do momento a fim de tomar o poder. Mesmo para aqueles que não aceitavam esse mito de um *Dolchstoss* (punhalada nas costas), a legitimidade contínua de qualquer governo alemão dependia da sua capacidade de modificar as servidões impostas pelo tratado, se não revogá-las de todo. O sucesso de Adolf Hitler nessa empreitada lhe granjearia um amplo apoio.

Áustria-Hungria

A dissolução da Monarquia de Habsburgo deixou um legado igualmente amargo. A metade austríaca da monarquia perdeu, no norte, para os tchecos, que se juntaram aos seus primos eslovacos da Hungria para formar a República Tchecoslovaca, que continha, na região dos Sudetos da sua fronteira ocidental, uma preocupante minoria de alemães. No sul, eles perderam os eslovenos, que com seus primos croatas da Hungria uniram o seu destino ao dos sérvios, canhestramente intitulado no "Reino dos Sérvios, Croatas e Eslovenos" a ser renomeado mais tarde Iugoslávia (a Eslávia do sul). Perderam as suas terras italianas ao sul dos Alpes, inclusive Trieste, seu principal porto no Adriático, mas os territórios prometidos à Itália na costa oriental do Adriático estavam então nas mãos dos iugoslavos "libertados", que, por sua vez, reclamavam o direito a Trieste e suas terras do interior. A parte traseira germanófona, que era tudo o que restava da Áustria, tentou inicialmente juntar-se à nova república alemã ao norte, mas isso foi proibido pelos Aliados. Assim, a Áustria continuou independente por mais vinte anos, até 1938, quando foi realizado um *Anschluss*, sob aclamação popular universal, por um de seus antigos cidadãos, Adolf Hitler. Os húngaros perderam não só os eslovacos ao norte e os croatas ao sul, mas a província da Transilvânia, a leste, para uma Romênia muito ampliada, sofrendo uma pequena e feia guerra civil nesse processo. O ditador de direita que surgiu dessa confusão, o almirante Horthy, recusava-se a admitir que a abdicação dos Habsburgos fosse válida, e declarou que governaria apenas como regente em seu nome. Continuou a agir desse modo até ele próprio ser derrubado no fim da Segunda Guerra Mundial.

Turquia

Quanto aos turcos, foram a princípio tratados tão severamente quanto os alemães. Não só perderam as suas possessões na Península Arábica para novos estados sob controle francês ou britânico – Síria, Líbano, Iraque, Arábia Saudita, Palestina, Transjordânia – como foram invadidos por forças italianas que reclamavam seu direito a Adália de acordo com o Tratado de Londres de 1915, e pelos gregos, que reivindicavam seus direitos na Trácia e regiões na Anatólia, especialmente Esmirna (Izmir), onde havia uma substancial minoria grega. O ressentimento popular em relação a esse *diktat* levou ao poder um novo regime sob Mustafa Kemal Ataturk, que expulsou os gregos da Anatólia e ameaçou fazer o mesmo com as forças britânicas que ocupavam os estreitos. Depois de três anos confusos, chegou-se a um acordo em Lausanne em 1923, que deixou à Turquia o controle único da Anatólia e dos estreitos – com garantias para a sua desmilitarização – junto com uma base na Europa localizada na Trácia oriental. A população grega de Esmirna foi brutalmente expulsa, e as disputas entre a Grécia e a Turquia sobre a posse das ilhas no Egeu continuaram até o fim do século e além.

O acordo de paz em Versalhes não teve boa acolhida, mas a maioria de suas cláusulas resistiu ao teste do tempo. Os novos estados que criou sobreviveram, ainda que dentro de fronteiras flutuantes, até a última década do século, quando os tchecos e os eslovacos se separaram pacificamente e a Iugoslávia, sempre volátil, desintegrou-se, gerando nesse processo ameaças de novas guerras. A fronteira franco-alemã foi estabilizada. A "Questão Oriental", originária da presença da Turquia na Europa, foi resolvida para sempre. Mas a "Questão Alemã" permaneceu sem solução. Apesar de derrotada, a Alemanha continuou a nação mais poderosa da Europa e determinada a revogar o traçado ao menos de suas fronteiras orientais. A tentativa da França de restaurar o equilíbrio foi condenada ao fracasso pela desconfiança ideológica da União Soviética, pela fraqueza de seus aliados no Leste Europeu e pela profunda relutância de seu povo em tornar a passar algum dia por semelhante provação. Os britânicos estavam igualmente relutantes: os seus problemas domésticos e imperiais, combinados com a imagem terrível da guerra que cada vez mais assombrava a imaginação popular, levaram sucessivos governos a procurar uma solução tentando aplacar as exigências alemãs em vez de lhes oferecer resistência. Quanto aos Estados Unidos, a sua intervenção na Europa foi vista por muitos como um grave erro, um erro para não ser repetido nunca mais.

Quando as condições do tratado foram anunciadas, um presciente cartunista britânico representou Wilson, Lloyd

George e Clemenceau saindo da conferência de paz em Paris e um deles dizia: "Curioso: tenho a impressão de escutar uma criança chorando". E certamente, escondido atrás de um pilar, havia um menino pequeno chorando como um bezerro desmamado, com as palavras "Classe de 1940" inscritas acima de sua cabeça.

Apêndice I

Os Quatorze Pontos do presidente Wilson

Wilson apresentou os seus Quatorze Pontos numa mensagem ao Congresso em 8 de janeiro de 1918. São os seguintes:

I. Pactos manifestos de paz, realizados em público[...]

II. Liberdade absoluta de navegação nos mares, fora de águas territoriais, tanto na paz como na guerra[...]

III. A remoção, na medida do possível, de todas as barreiras econômicas e o estabelecimento de uma igualdade das condições de comércio entre todas as nações que concordam com a paz[...]

IV. [O]s armamentos nacionais devem ser reduzidos ao ponto mais baixo compatível com a segurança pública.

V. [A]justamento imparcial de todas as reivindicações coloniais.

VI. A evacuação de todo o território russo[...]

VII. A Bélgica[...] deve ser evacuada e devolvida, sem nenhuma tentativa de se delimitar a soberania de que desfruta em comum com todas as nações livres.

VIII. Todo o território francês deve ser libertado, e as províncias invadidas devolvidas, e deve ser reparado[...] o mal feito à França pela Prússia em 1871, na questão da Alsácia-Lorena[...]

IX. Um rearranjo das fronteiras da Itália deve ser efetuado segundo linhas de nacionalidade claramente reconhecíveis.

X. Aos povos da Áustria-Hungria[...] deve ser concedida a mais livre oportunidade para um desenvolvimento autônomo.

XI. A Romênia, a Sérvia e Montenegro devem ser evacuados; os territórios ocupados devolvidos; à Sérvia concedido um acesso livre e seguro para o mar[...]

XII. Às porções turcas do presente Império Otomano deve

ser afiançada uma soberania segura, mas às outras nacionalidades que estão sob domínio turco deve ser garantida uma segurança indubitável de vida e uma oportunidade totalmente serena de desenvolvimento autônomo[...]

XIII. Deve ser criado um estado polonês independente, incluindo os territórios habitados por populações inequivocamente polonesas, ao qual se deve afiançar um acesso livre e seguro para o mar[...]

XIV. Uma associação geral de nações deve ser formada por acordos específicos, com o intuito de proporcionar garantias mútuas de independência política e integridade territorial tanto para os grandes estados como para os pequenos.

Apêndice II

Total de baixas na guerra

	População	*Mobilizados*	*Mortos*
Potências Centrais			
Áustria-Hungria	52 mi.	7,8 mi.	1.200.000
Alemanha	67 mi.	11,0 mi.	1.800.000
Turquia		2,8 mi.	320.000
Bulgária		1,2 mi.	90.000
Aliados			
França	36,5 mi.	8,4 mi.	1.400.000
Grã-Bretanha	46 mi.	6,2 mi.	740.000
Império Britânico		2,7 mi.	170.000
Rússia	164 mi.	12,0 mi.	1.700.000
Itália	37 mi.	5,6 mi.	460.000
EUA	93 mi.	4,3 mi.	115.000

Leituras complementares

Como a bibliografia da Primeira Guerra é imensa, é melhor que o principiante comece com alguns estudos gerais e continue a ler daí em diante.

O melhor levantamento das origens da guerra, resumindo todas as controvérsias relevantes, é de James Joll, em *The Origins of the First World War* (Londres, 1984). O melhor compêndio geral da guerra, com uma ampla bibliografia, é de Ian Beckett, em *The Great War 1914-18* (Harlow, 2001), mas um relato abrangente mais breve é encontrado na obra de Hew Strachan (ed.), *The Oxford Illustrated History of the First World War* (Oxford, 1998). Do estudo magistral de Strachan, apenas o primeiro dos três volumes foi até agora publicado, *The First World War, i. To Arms* (Oxford, 2000). Essa obra acompanha os acontecimentos na Europa apenas até o fim de 1914, mas trata tão brilhantemente de aspectos mais amplos do conflito que já se tornou indispensável. Martin Gilbert, em *The First World War* (Londres, 1914), oferece uma crônica útil, muito bem ilustrada com anedotas e imagens.

A maioria das obras de historiadores britânicos, inclusive este livro, tem inevitavelmente um pouco do viés anglocêntrico, e o foco recai talvez indevidamente sobre o front ocidental. Isso precisa ser corrigido pela leitura da obra de Norman Stone, *The Eastern Front* (Londres, 1975) e a de Holger H. Herwig, *The First World War: Germany and Austria-Hungary* (Londres, 1997). Sobre contribuições especificamente britânicas, deve-se ler *Britain and the Great War* (Londres, 1989), de J. M. Bourne; *The Great War and the French People* (Leamington Spa, 1985), de J. F. Becker; *Imperial Germany and the Great War* (Cambridge, 1998), de Roger Chickering; *Over Here: the Great War and American Society* (Nova York, 1980), de David Kennedy.

Sobre os aspectos econômicos da Guerra, *The First World War 1914-1918* (Londres, 1977), de Gerd Hardach, é sucinto, mas abrangente. *The Pity of War* (Londres, 1998), de Niall Ferguson, contém muitas informações importantes num texto sob outros aspectos controverso.

Índice remissivo

C

D

E

F

G

H

I

N

O

P

Q

R

S

T

U

V

W

Y

Z

Lista de ilustrações

Embora tenhamos feito todos os esforços para garantir as permissões, em alguns poucos casos podemos ter deixado de indicar o detentor do copyright. Pedimos desculpas por qualquer aparente negligência.

Lista de mapas

Sobre o autor

Sir Michael Howard é professor emérito de História Moderna nas universidades de Oxford e Yale. Entre seus vários livros se destacam *The Franco-Prussian War* (1961) – vencedor do Duff Cooper Memorial Prize –, *War in European History* (1976), *War and the Liberal Conscience* (1978), *The Causes of Wars* (1983), *The Lessons of History* (1991), *The Oxford History of the Twentieth Century* (1998) e *The Invention of Peace* (2000).

Coleção **L&PM** POCKET (Lançamentos mais recentes)

1033.**Mrs. Dalloway** – Virginia Woolf
1034.**O cão da morte** – Agatha Christie
1035.**Tragédia em três atos** – Agatha Christie
1037.**O fantasma da Ópera** – Gaston Leroux
1038.**Evolução** – Brian e Deborah Charlesworth
1039.**Medida por medida** – Shakespeare
1040.**Razão e sentimento** – Jane Austen
1041.**A obra-prima ignorada *seguido de* Um episódio durante o Terror** – Balzac
1042.**A fugitiva** – Anaïs Nin
1043.**As grandes histórias da mitologia greco-romana** – A. S. Franchini
1044.**O corno de si mesmo & outras historietas** – Marquês de Sade
1045.**Da felicidade *seguido de* Da vida retirada** – Sêneca
1046.**O horror em Red Hook e outras histórias** – H. P. Lovecraft
1047.**Noite em claro** – Martha Medeiros
1048.**Poemas clássicos chineses** – Li Bai, Du Fu e Wang Wei
1049.**A terceira moça** – Agatha Christie
1050.**Um destino ignorado** – Agatha Christie
1051(26).**Buda** – Sophie Royer
1052.**Guerra Fria** – Robert J. McMahon
1053.**Simons's Cat: as aventuras de um gato travesso e comilão – vol. 1** – Simon Tofield
1054.**Simons's Cat: as aventuras de um gato travesso e comilão – vol. 2** – Simon Tofield
1055.**Só as mulheres e as baratas sobreviverão** – Claudia Tajes
1057.**Pré-história** – Chris Gosden
1058.**Pintou sujeira!** – Mauricio de Sousa
1059.**Contos de Mamãe Gansa** – Charles Perrault
1060.**A interpretação dos sonhos: vol. 1** – Freud
1061.**A interpretação dos sonhos: vol. 2** – Freud
1062.**Frufru Rataplã Dolores** – Dalton Trevisan
1063.**As melhores histórias da mitologia egípcia** – Carmem Seganfredo e A.S. Franchini
1064.**Infância. Adolescência. Juventude** – Tolstói
1065.**As consolações da filosofia** – Alain de Botton
1066.**Diários de Jack Kerouac – 1947-1954**
1067.**Revolução Francesa – vol. 1** – Max Gallo
1068.**Revolução Francesa – vol. 2** – Max Gallo
1069.**O detetive Parker Pyne** – Agatha Christie
1070.**Memórias do esquecimento** – Flávio Tavares
1071.**Drogas** – Leslie Iversen
1072.**Manual de ecologia (vol.2)** – J. Lutzenberger
1073.**Como andar no labirinto** – Affonso Romano de Sant'Anna
1074.**A orquídea e o serial killer** – Juremir Machado da Silva
1075.**Amor nos tempos de fúria** – Lawrence Ferlinghetti
1076.**A aventura do pudim de Natal** – Agatha Christie
1078.**Amores que matam** – Patricia Faur
1079.**Histórias de pescador** – Mauricio de Sousa
1080.**Pedaços de um caderno manchado de vinho** – Bukowski
1081.**A ferro e fogo: tempo de solidão (vol.1)** – Josué Guimarães
1082.**A ferro e fogo: tempo de guerra (vol.2)** – Josué Guimarães
1084(17).**Desembarcando o Alzheimer** – Dr. Fernando Lucchese e Dra. Ana Hartmann
1085.**A maldição do espelho** – Agatha Christie
1086.**Uma breve história da filosofia** – Nigel Warburton
1088.**Heróis da História** – Will Durant
1089.**Concerto campestre** – L. A. de Assis Brasil
1090.**Morte nas nuvens** – Agatha Christie
1092.**Aventura em Bagdá** – Agatha Christie
1093.**O cavalo amarelo** – Agatha Christie
1094.**O método de interpretação dos sonhos** – Freud
1095.**Sonetos de amor e desamor** – Vários
1096.**120 tirinhas do Dilbert** – Scott Adams
1097.**200 fábulas de Esopo**
1098.**O curioso caso de Benjamin Button** – F. Scott Fitzgerald
1099.**Piadas para sempre: uma antologia para morrer de rir** – Visconde da Casa Verde
1100.**Hamlet (Mangá)** – Shakespeare
1101.**A arte da guerra (Mangá)** – Sun Tzu
1104.**As melhores histórias da Bíblia (vol.1)** – A. S. Franchini e Carmen Seganfredo
1105.**As melhores histórias da Bíblia (vol.2)** – A. S. Franchini e Carmen Seganfredo
1106.**Psicologia das massas e análise do eu** – Freud
1107.**Guerra Civil Espanhola** – Helen Graham
1108.**A autoestrada do sul e outras histórias** – Julio Cortázar
1109.**O mistério dos sete relógios** – Agatha Christie
1110.**Peanuts: Ninguém gosta de mim... (amor)** – Charles Schulz
1111.**Cadê o bolo?** – Mauricio de Sousa
1112.**O filósofo ignorante** – Voltaire
1113.**Totem e tabu** – Freud
1114.**Filosofia pré-socrática** – Catherine Osborne
1115.**Desejo de status** – Alain de Botton
1118.**Passageiro para Frankfurt** – Agatha Christie
1120.**Kill All Enemies** – Melvin Burgess
1121.**A morte da sra. McGinty** – Agatha Christie
1122.**Revolução Russa** – S. A. Smith
1123.**Até você, Capitu?** – Dalton Trevisan
1124.**O grande Gatsby (Mangá)** – F. S. Fitzgerald
1125.**Assim falou Zaratustra (Mangá)** – Nietzsche
1126. **Peanuts: É para isso que servem os amigos (amizade)** – Charles Schulz
1127(27).**Nietzsche** – Dorian Astor
1128.**Bidu: Hora do banho** – Mauricio de Sousa
1129.**O melhor do Macanudo Taurino** – Santiago
1130.**Radicci 30 anos** – Iotti

1131.**Show de sabores** – J.A. Pinheiro Machado
1132.**O prazer das palavras** – vol. 3 – Cláudio Moreno
1133.**Morte na praia** – Agatha Christie
1134.**O fardo** – Agatha Christie
1135.**Manifesto do Partido Comunista (Mangá)** – Marx & Engels
1136.**A metamorfose (Mangá)** – Franz Kafka
1137.**Por que você não se casou... ainda** – Tracy McMillan
1138.**Textos autobiográficos** – Bukowski
1139.**A importância de ser prudente** – Oscar Wilde
1140.**Sobre a vontade na natureza** – Arthur Schopenhauer
1141.**Dilbert (8)** – Scott Adams
1142.**Entre dois amores** – Agatha Christie
1143.**Cipreste triste** – Agatha Christie
1144.**Alguém viu uma assombração?** – Mauricio de Sousa
1145.**Mandela** – Elleke Boehmer
1146.**Retrato do artista quando jovem** – James Joyce
1147.**Zadig ou o destino** – Voltaire
1148.**O contrato social (Mangá)** – J.-J. Rousseau
1149.**Garfield fenomenal** – Jim Davis
1150.**A queda da América** – Allen Ginsberg
1151.**Música na noite & outros ensaios** – Aldous Huxley
1152.**Poesias inéditas & Poemas dramáticos** – Fernando Pessoa
1153.**Peanuts: Felicidade é...** – Charles M. Schulz
1154.**Mate-me por favor** – Legs McNeil e Gillian McCain
1155.**Assassinato no Expresso Oriente** – Agatha Christie
1156.**Um punhado de centeio** – Agatha Christie
1157.**A interpretação dos sonhos (Mangá)** – Freud
1158.**Peanuts: Você não entende o sentido da vida** – Charles M. Schulz
1159.**A dinastia Rothschild** – Herbert R. Lottman
1160.**A Mansão Hollow** – Agatha Christie
1161.**Nas montanhas da loucura** – H.P. Lovecraft
1162(28).**Napoleão Bonaparte** – Pascale Fautrier
1163.**Um corpo na biblioteca** – Agatha Christie
1164.**Inovação** – Mark Dodgson e David Gann
1165.**O que toda mulher deve saber sobre os homens: a afetividade masculina** – Walter Riso
1166.**O amor está no ar** – Mauricio de Sousa
1167.**Testemunha de acusação & outras histórias** – Agatha Christie
1168.**Etiqueta de bolso** – Celia Ribeiro
1169.**Poesia reunida (volume 3)** – Affonso Romano de Sant'Anna
1170.**Emma** – Jane Austen
1171.**Que seja em segredo** – Ana Miranda
1172.**Garfield sem apetite** – Jim Davis
1173.**Garfield: Foi mal...** – Jim Davis
1174.**Os irmãos Karamázov (Mangá)** – Dostoiévski
1175.**O Pequeno Príncipe** – Antoine de Saint-Exupéry
1176.**Peanuts: Ninguém mais tem o espírito aventureiro** – Charles M. Schulz
1177.**Assim falou Zaratustra** – Nietzsche
1178.**Morte no Nilo** – Agatha Christie
1179.**Ê, soneca boa** – Mauricio de Sousa
1180.**Garfield a todo o vapor** – Jim Davis
1181.**Em busca do tempo perdido (Mangá)** – Proust
1182.**Cai o pano: o último caso de Poirot** – Agatha Christie
1183.**Livro para colorir e relaxar** – Livro 1
1184.**Para colorir sem parar**
1185.**Os elefantes não esquecem** – Agatha Christie
1186.**Teoria da relatividade** – Albert Einstein
1187.**Compêndio da psicanálise** – Freud
1188.**Visões de Gerard** – Jack Kerouac
1189.**Fim de verão** – Mohiro Kitoh
1190.**Procurando diversão** – Mauricio de Sousa
1191.**E não sobrou nenhum e outras peças** – Agatha Christie
1192.**Ansiedade** – Daniel Freeman & Jason Freeman
1193.**Garfield: pausa para o almoço** – Jim Davis
1194.**Contos do dia e da noite** – Guy de Maupassant
1195.**O melhor de Hagar 7** – Dik Browne
1196(29).**Lou Andreas-Salomé** – Dorian Astor
1197(30).**Pasolini** – René de Ceccatty
1198.**O caso do Hotel Bertram** – Agatha Christie
1199.**Crônicas de motel** – Sam Shepard
1200.**Pequena filosofia da paz interior** – Catherine Rambert
1201.**Os sertões** – Euclides da Cunha
1202.**Treze à mesa** – Agatha Christie
1203.**Bíblia** – John Riches
1204.**Anjos** – David Albert Jones
1205.**As tirinhas do Guri de Uruguaiana 1** – Jair Kobe
1206.**Entre aspas (vol.1)** – Fernando Eichenberg
1207.**Escrita** – Andrew Robinson
1208.**O spleen de Paris: pequenos poemas em prosa** – Charles Baudelaire
1209.**Satíricon** – Petrônio
1210.**O avarento** – Molière
1211.**Queimando na água, afogando-se na chama** – Bukowski
1212.**Miscelânea septuagenária: contos e poemas** – Bukowski
1213.**Que filosofar é aprender a morrer e outros ensaios** – Montaigne
1214.**Da amizade e outros ensaios** – Montaigne
1215.**O medo à espreita e outras histórias** – H.P. Lovecraft
1216.**A obra de arte na era de sua reprodutibilidade técnica** – Walter Benjamin
1217.**Sobre a liberdade** – John Stuart Mill
1218.**O segredo de Chimneys** – Agatha Christie
1219.**Morte na rua Hickory** – Agatha Christie
1220.**Ulisses (Mangá)** – James Joyce
1221.**Ateísmo** – Julian Baggini
1222.**Os melhores contos de Katherine Mansfield** – Katherine Mansfied
1223(31).**Martin Luther King** – Alain Foix

1224.**Millôr Definitivo: uma antologia de *A Bíblia do Caos*** – Millôr Fernandes
1225.**O Clube das Terças-Feiras e outras histórias** – Agatha Christie
1226.**Por que sou tão sábio** – Nietzsche
1227.**Sobre a mentira** – Platão
1228.**Sobre a leitura *seguido do* Depoimento de Céleste Albaret** – Proust
1229.**O homem do terno marrom** – Agatha Christie
1230(32).**Jimi Hendrix** – Franck Médioni
1231.**Amor e amizade e outras histórias** – Jane Austen
1232.**Lady Susan, Os Watson e Sanditon** – Jane Austen
1233.**Uma breve história da ciência** – William Bynum
1234.**Macunaíma: o herói sem nenhum caráter** – Mário de Andrade
1235.**A máquina do tempo** – H.G. Wells
1236.**O homem invisível** – H.G. Wells
1237.**Os 36 estratagemas: manual secreto da arte da guerra** – Anônimo
1238.**A mina de ouro e outras histórias** – Agatha Christie
1239.**Pic** – Jack Kerouac
1240.**O habitante da escuridão e outros contos** – H.P. Lovecraft
1241.**O chamado de Cthulhu e outros contos** – H.P. Lovecraft
1242.**O melhor de Meu reino por um cavalo!** – Edição de Ivan Pinheiro Machado
1243.**A guerra dos mundos** – H.G. Wells
1244.**O caso da criada perfeita e outras histórias** – Agatha Christie
1245.**Morte por afogamento e outras histórias** – Agatha Christie
1246.**Assassinato no Comitê Central** – Manuel Vázquez Montalbán
1247.**O papai é pop** – Marcos Piangers
1248.**O papai é pop 2** – Marcos Piangers
1249.**A mamãe é rock** – Ana Cardoso
1250.**Paris boêmia** – Dan Franck
1251.**Paris libertária** – Dan Franck
1252.**Paris ocupada** – Dan Franck
1253.**Uma anedota infame** – Dostoiévski
1254.**O último dia de um condenado** – Victor Hugo
1255.**Nem só de caviar vive o homem** – J.M. Simmel
1256.**Amanhã é outro dia** – J.M. Simmel
1257.**Mulherzinhas** – Louisa May Alcott
1258.**Reforma Protestante** – Peter Marshall
1259.**História econômica global** – Robert C. Allen
1260(33).**Che Guevara** – Alain Foix
1261.**Câncer** – Nicholas James
1262.**Akhenaton** – Agatha Christie
1263.**Aforismos para a sabedoria de vida** – Arthur Schopenhauer
1264.**Uma história do mundo** – David Coimbra
1265.**Ame e não sofra** – Walter Riso
1266.**Desapegue-se!** – Walter Riso
1267.**Os Sousa: Uma famíla do barulho** – Mauricio de Sousa
1268.**Nico Demo: O rei da travessura** – Mauricio de Sousa
1269.**Testemunha de acusação e outras peças** – Agatha Christie
1270(34).**Dostoiévski** – Virgil Tanase
1271.**O melhor de Hagar 8** – Dik Browne
1272.**O melhor de Hagar 9** – Dik Browne
1273.**O melhor de Hagar 10** – Dik e Chris Browne
1274.**Considerações sobre o governo representativo** – John Stuart Mill
1275.**O homem Moisés e a religião monoteísta** – Freud
1276.**Inibição, sintoma e medo** – Freud
1277.**Além do princípio de prazer** – Freud
1278.**O direito de dizer não!** – Walter Riso
1279.**A arte de ser flexível** – Walter Riso
1280.**Casados e descasados** – August Strindberg
1281.**Da Terra à Lua** – Júlio Verne
1282.**Minhas galerias e meus pintores** – Kahnweiler
1283.**A arte do romance** – Virginia Woolf
1284.**Teatro completo v. 1: As aves da noite *seguido de* O visitante** – Hilda Hilst
1285.**Teatro completo v. 2: O verdugo *seguido de* A morte do patriarca** – Hilda Hilst
1286.**Teatro completo v. 3: O rato no muro *seguido de* Auto da barca de Camiri** – Hilda Hilst
1287.**Teatro completo v. 4: A empresa *seguido de* O novo sistema** – Hilda Hilst
1288.**Sapiens: Uma breve história da humanidade** – Yuval Noah Harari
1289.**Fora de mim** – Martha Medeiros
1290.**Divã** – Martha Medeiros
1291.**Sobre a genealogia da moral: um escrito polêmico** – Nietzsche
1292.**A consciência de Zeno** – Italo Svevo
1293.**Células-tronco** – Jonathan Slack
1294.**O fim do ciúme e outros contos** – Proust
1295.**A jangada** – Júlio Verne
1296.**A ilha do dr. Moreau** – H.G. Wells
1297.**Ninho de fidalgos** – Ivan Turguêniev
1298.**Jane Eyre** – Charlotte Brontë
1299.**Sobre gatos** – Bukowski
1300.**Sobre o amor** – Bukowski
1301.**Escrever para não enlouquecer** – Bukowski
1302.**222 receitas** – J. A. Pinheiro Machado
1303.**Reinações de Narizinho** – Monteiro Lobato
1304.**O Saci** – Monteiro Lobato
1305.**Memórias da Emília** – Monteiro Lobato
1306.**O Picapau Amarelo** – Monteiro Lobato
1307.**A reforma da Natureza** – Monteiro Lobato
1308.**Fábulas *seguido de* Histórias diversas** – Monteiro Lobato
1309.**Aventuras de Hans Staden** – Monteiro Lobato
1310.**Peter Pan** – Monteiro Lobato
1311.**Dom Quixote das crianças** – Monteiro Lobato
1312.**O Minotauro** – Monteiro Lobato
1313.**Um quarto só seu** – Virginia Woolf
1314.**Sonetos** – Shakespeare

lepmeditores

www.lpm.com.br
o site que conta tudo

IMPRESSÃO:

PALLOTTI
GRÁFICA

Santa Maria - RS | Fone: (55) 3220.4500
www.graficapallotti.com.br